运动解剖学图谱

肌肉结构与功能全解

—— 第3版 ——

Chris Jarmey　　　John Sharkey

［英］ 克里斯·贾迈　约翰·夏基　著

巫泓丞　译

人民邮电出版社

北 京

图书在版编目（CIP）数据

运动解剖学图谱：肌肉结构与功能全解：第3版 /
（英）克里斯·贾迈（Chris Jarmey），（英）约翰·夏基
（John Sharkey）著；巫泓丞译. -- 北京：人民邮电出
版社，2021.5
ISBN 978-7-115-49867-0

Ⅰ. ①运… Ⅱ. ①克… ②约… ③巫… Ⅲ. ①运动解
剖-图谱 Ⅳ. ①G804.4-64

中国版本图书馆CIP数据核字(2019)第250880号

免责声明

本书内容旨在为大众提供有用的信息。所有材料（包括文本、图形和图像）仅供参考，不能替代医疗诊断、建议、
治疗或来自专业人士的意见。所有读者在需要医疗或其他专业协助时，均应向专业的医疗保健机构或医生进行咨询。
作者和出版商都已尽可能确保本书技术上的准确性以及合理性，并特别声明，不会承担由于使用本出版物中的材料而
遭受的任何损伤所直接或间接产生的与个人或团体相关的一切责任、损失或风险。

内 容 提 要

运动解剖学是运动相关学科的基础和必须学习的内容。本书介绍了解剖学基础知识，重点对头部、颈部、躯干、
肩部、手臂、髋部和腿部等身体部位的180余种主要肌肉的起点、止点、作用、神经支配和基本功能动作进行了讲解，
并对部分肌肉长期紧张或缩短时容易产生的疼痛和损伤进行了介绍。不论是体育院校相关专业的老师和学生，还是健
身及运动爱好者，都可以通过本书更全面地了解肌肉的结构与功能。

◆ 著　　　　　[英]克里斯·贾迈（Chris Jarmey）
　　　　　　　 [英]约翰·夏基（John Sharkey）
　 译　　　　　巫泓丞
　 责任编辑　　刘　蕊
　 责任印制　　马振武
◆ 人民邮电出版社出版发行　　北京市丰台区成寿寺路 11 号
　 邮编　100164　电子邮件　315@ptpress.com.cn
　 网址　https://www.ptpress.com.cn
　 固安县铭成印刷有限公司印刷
◆ 开本：700×1000　1/16
　 印张：19　　　　　　　　　　2021 年 5 月第 1 版
　 字数：373 千字　　　　　　　2025 年 10 月河北第 18 次印刷
　 著作权合同登记号　图字：01-2017-4147 号

定价：168.00 元
读者服务热线：(010)81055296　印装质量热线：(010)81055316
反盗版热线：(010)81055315

目 录

肌肉索引

译者序

随着人们健康意识的提高，健身行业成为一个新的热点，越来越多的有志之士也加入到健身行业中来。而随着整个行业的不断升级和迭代，从业人员及训练者对相关知识的渴求日益强烈，使得运动相关的知识在最近几年的时间里潮水般地涌入国内的市场。尤其是在最近一两年里，其发展速度更是比之前的十几年都有过之而无不及。在这个当口，能够有幸将这本在国外也备受瞩目的好书呈现给国内的读者们是一种荣幸！这本权威的畅销书的第 3 版包含了最新的人体解剖学和生物力学研究内容，给出了对新出现的生活运动和人类体系结构的解释。

这本书将人体的肌肉划分为"头部、颈部、躯干、肩部和上臂、前臂和手部、髋部和大腿、小腿和足部"7 大区域，并且首次将"生物张拉整体（Biologicaltensegrity）"的概念引入国内，在阐述肌肉功能的过程中也始终贯彻这一理念。现如今很流行的"筋膜链""动力链"等概念，都是"生物张拉整体"衍生的一些分支。在阐述肌肉时，更是从起止点、作用、神经支配、基本运动功能、主要运动、损伤机制、张力导致的可能问题等层面对肌肉的解剖及功能做了详细的注解。这本书是我见过的非医学专业人士最易理解和学习的解剖书！对任何研究人体的人来说，这本书都既助于他们学习解剖学，又有助于他们应用这些信息，是极好的对个人学习材料的补充。无论你尚且只是体育高校的学生，还是资深的健身从业人员，抑或是相关行业的医疗保障人员，只要从事与人体运动相关的工作，这本书都能成为你非常好的工具与伙伴。

这本书的作者之一 John Sharkey 是一位富有经验的临床解剖学家和运动生理学家。他是《塑身与运动治疗杂志》编辑团队的成员、《国际骨科医学杂志》和《国际治疗按摩与塑身杂志》的评审员。他同时是临床解剖学、人体运动和手法医学领域公认的权威研究者，还是一位受欢迎的国际节目主持人和主讲人。另一位作者 Chris Jarmey 在欧洲从事解剖学、指压按摩和刮痧疗法教学。他也是数本手法类畅销书的作者。

相信这本与众不同的解剖书，可以改变大家对于解剖学复杂而难以理解和记忆的常规认识，并以贴近使用者应用情境的全新方式，为大家的学习和生活带来莫大的帮助。

巫泓丞

序言

本书建立在前 2 版克里斯·贾迈所做的卓越工作的基础之上。我很荣幸被邀请参与出版本书的工作。虽然与第 2 版相比，内容发生了很大变化，但我仍竭力保持本书简明易用的特点，使之受读者欢迎。

诚然，斗转星移，物是人非；既然万物如此，解剖学知识也不例外。时光带来崭新的事实、模型及值得思考并最终被认可的假说。对筋膜和身体运动的新研究及有关肌筋膜力传递和我们身体构造的新理论竞相出现。本人并不欲对其进行全盘否定，而只是将本书视为重新理解肌肉和筋膜（或更准确地说，结缔组织）在力传递和人体运动（或活体运动）方面的作用之后的一种产物。

为了能够充分理解以肌肉协同和四条形闭合链运动学为基础的新型生物张拉特性模型，首先必须熟悉起止点旧模型（双条形铆合关节与外力，这是支撑现代生物力学的基础）的谬误之处。

要想理解目前与未来，就必须理解过去。解剖学研究具有数百年历史。现代解剖学体现了早期解剖学家的远见与信仰。不少肌肉的名称几乎与其功能无关，之所以将其命名为大肌或小肌、长肌或短肌、前肌或后肌等，是因为这些解剖学家当年的见闻。甚至"肌肉"一词也源自拉丁语"musculus"，其表示"小老鼠"的意思。

本人身为临床解剖学家，非常珍视解剖学的历史，特别是命名组织、器官、肌肉和系统的历史。目前人们已经认识到，并不是由某一块肌肉负责某个特定的运动，而大脑也并不以肌群为单位思考，而是思考如何成功地完成运动。让我们铭记和珍视漫长的历史、丰富的语言和解剖学定义，以审视对新解释、新模型的基于健全的科学原则和连续性的解剖学新认识。

John Sharkey
理学硕士，临床解剖学家

前 言

关于本书

本书旨在通过简洁易懂的方式向读者提供主要骨骼肌的信息，而这些信息对运动、舞蹈、锻炼和推拿疗法具有重要意义。每块肌肉区域都用特殊颜色标注，以便于参考。这些信息包括每块肌肉的起点、止点、作用和神经支配（包括神经的共同通路或路径）等细节，以满足健身、动作疗法等行业的学生和从业人员的需要。由于解剖学包括大量的术语，本书旨在以格外清晰和便于理解的方式向读者提供准确信息——全书的专业术语均在第一次出现时以括注的方式进行解释。

每块肌肉的信息在全书中均按统一格式列出。下文给出一个示例，对标题的含义进行了解释（对某些肌肉知识的讲解进行了精简）。

1 肌肉名称。

2 肌肉收缩过程中保持相对固定的附着部位，即固定在不移动骨上的肌肉一端，起着锚点的作用，以向固定部位拉拽肌肉的另一端（止点）（参见第 25 页）。

3 移动的附着部位，即肌肉起点的相反一端。注意，当止点保持相对固定，而起点移动时，我们称肌肉此时正在进行逆动作（即起点向止点运动）。此种情况常常发生。一般而言，起点处于近端（朝向身体中线），而止点处于远端（朝向身体外周）。

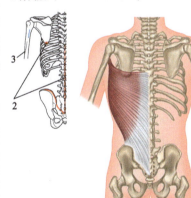

1 **背阔肌** (Latissimus Dorsi)

4 该肌肉收缩时产生的运动或效应。

5 激活该肌肉的神经。

6 该肌肉参与的日常活动。

7 尽管在多数运动中，每块肌肉都有不同程度的参与，但这是少数几个重要的实例。

后视图
1 拉丁语：latissimus，最宽的；dorsi，背部的。
背阔肌和肩胛下肌、大圆肌形成腋窝后壁。

2 **起点**
胸腰筋膜，附着在下面 6 个胸椎骨、全部腰椎和骶椎（T7～S5）的棘突及伸入的棘上韧带上。髂峭后部、下面的 3 根或 4 根肋骨。肩胛骨下角。

3 **止点**
肱骨结节间沟底部。

4 **作用**
伸展屈曲的手臂。内收和内旋肱骨。向下和向后拉拽肩膀，向固定的手臂拉拽躯干（故在自由泳中起主动作用），是主要的攀爬肌之一。通过提升下部肋骨来辅助吸气。

5 **神经**
来自臂丛后束的胸背神经 C6、C7、C8。

6 **基本功能动作**
例如，推椅子扶手站起来。

7 **主要使用此块肌肉的运动**
攀爬、体操（吊环和双杠）、游泳和划船等。

层

术语"层"在全书中用于描述筋膜组织（结缔组织）的解剖学结构或某种结构相对于另一结构的定位。使用这一术语是出于方便的目的，读者不应从字面上理解其意义。人体内并不真正存在层状结构。在进行解剖和用解剖刀分离组织或进行钝性剥离时才使用层的概念。所有组织都是相互连接的，故连续性很重要。

周围神经供给

周围神经系统（PNS）包括中枢神经系统（大脑和脊髓）外的所有神经结构。PNS 有两个主要的组成部分：躯体神经系统和自主神经系统，自主神经系统无意识地控制平滑肌和腺体。由于本书仅涉及骨骼肌，故仅涉及躯体神经系统。

周围神经系统包括 12 对脑神经和 31 对脊神经（及其分支）。按照其源头所在的脊髓水平位置（又称脊髓节段）对脊神经进行编号。肌肉的神经支配路径将在附录 1 中讨论。

本书列举了每块肌肉的周围神经供给，以便需要这些知识的读者了解。不过，对于神经纤维源头的脊髓节段的有关信息，不同参考文献的讲解会有所不同。这是因为在神经纤维穿过错综复杂的神经纤维丛（其英文单词 plexus 表示神经网络的意思，源自拉丁语 plectere，表示"编织"）时，临床解剖学家极难追踪单个神经纤维的路径。因此，这样的信息主要衍生自试验性的临床观察，而非人体解剖。

为提供尽可能准确的信息，本书仍采用由 Florence Peterson Kendall 和 Elizabeth Kendall McCreary 创立的方法。Kendall 和 McCreary（1983）对 6 篇著名的解剖参考文献进行了整合——Cunningham；deJong；Bumke 及 Foerster；Gray；Haymaker；Woodhall 及 Spalteholz。本书采用相同的方法，然后将结果与克瑙尔和麦克里里的结果进行交叉配对，以突出每块肌肉最重要的神经根。

以旋后肌为例，其供给神经为骨间后神经，即桡神经 C5、C6、（C7）深层分支的延续部分。相关的脊髓节段用字母"C"和数字"5、6、（7）"进行标注。粗体字，例如"6"，表示多数（至少 5 篇）文献同意此观点。非粗体字，例如"5"，表示 3 篇或 4 篇文献同意此说法。在圆括号内的非粗体字，例如"（7）"表示此观点仅有 2 篇文献同意，或者 2 篇以上的文献认为其供给很少。如果仅有 1 篇文献提及脊髓节段，则予以忽略。综上所述，非粗体字表示神经分布较少，圆括号内的数字表示可能或不常见有神经分布。

*脊髓节段是脊髓的一部分，它产生每一对脊神经（每一对由一条身体左侧的神经和一条身体右侧的神经组成）。每条脊神经包含运动纤维和感觉纤维。脊神经穿过孔后（相邻两个椎骨之间的开口）不久，就分叉成背侧主分支（指向后方）和腹侧主分支（指向两侧或前方）。背侧分支纤维支配皮肤及颈部和躯干的伸肌。腹侧分支供给四肢、躯干侧面和前部。

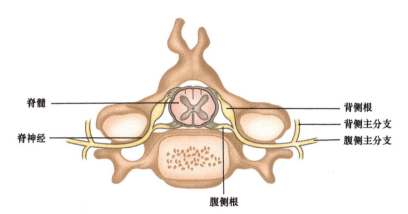

脊髓 ——————————————— 背侧根
脊神经 —————————————— 背侧主分支
腹侧主分支
腹侧根

脊髓分段，显示神经根联合形成脊神经，然后分叉成腹侧分支和背侧分支

1 解剖定位

为描述身体各部位的相对位置和其运动，确定一个广为认可的初始参考位置至关重要。标准体位，即解剖体位，可提供参考作用。解剖体位就是简单的竖直向上站立体位，双脚平放在地板上，双臂在身体两侧下垂，手掌朝向前方（见图 1.1 和图 1.2）。无论身体的实际位置如何，所用的方向术语皆是指身体处于解剖体位时的情况（见图 1.3 至图 1.13）。另需注意，术语"左"和"右"是指所观察目标或人的左侧和右侧，而非读者的左侧或右侧。

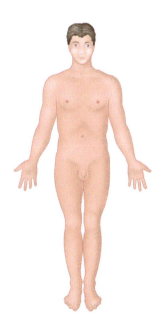

图 1.1　前部
前面；朝向或在身体前部

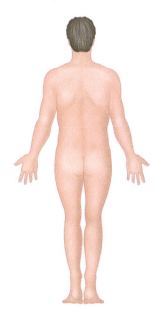

图 1.2　后部
后面；朝向或在身体后部

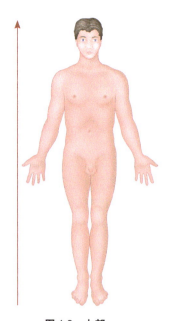

图 1.3　上部

上面；朝向头部，身体或结构的上部

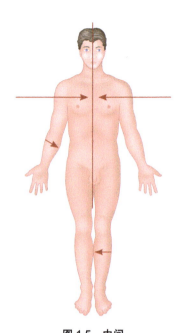

图 1.5　中间

（英文 medial，源于拉丁语 medius，表示"中间的"）

朝向或者位于身体的中线；位于四肢内侧

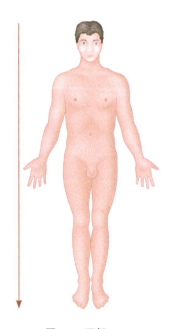

图 1.4　下部

下面；远离头部，或者朝向结构或身体的下部

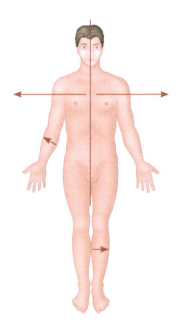

图 1.6　外侧

（英文 lateral，源于拉丁语 latus，表示"侧面"）

远离身体中线；位于身体或四肢的外侧

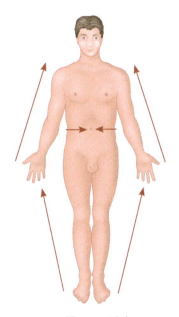

图 1.7　近端

（英文 proximal，源于拉丁语 proximus，表示"最近的"）
较靠近身体中心（脐），或者较靠近肢体连接躯干之处

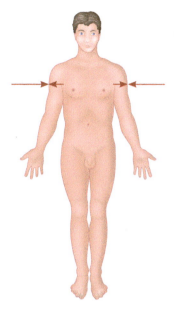

图 1.9　浅层的

朝向或位于身体表面

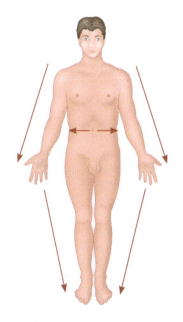

图 1.8　远端

（英文 distal，源于拉丁语 distans，表示"遥远的"）
远离身体中心，或远离肢体连接躯干之处

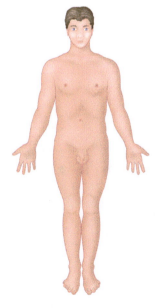

图 1.10　深层的

更远离体表，更内部的

图 1.11　背部
［英文 dorsal，源于拉丁语 dorsum，表示"背（部）"］
位于某物的后表面，例如手背或足背

图 1.13　足底
（源于拉丁语 planata，表示"脚底"）
位于足底

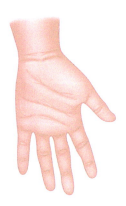

图 1.12　掌部
（英文 palmar，源于拉丁语 palma，表示"手掌"）
位于手的前表面，即手掌

区域部位

身体部位主要可分为中轴部分和四肢部分；前者包括头、颈和躯干，后者包括附着在身体轴上的四肢。图 1.14 显示了表示身体特定部位的术语。

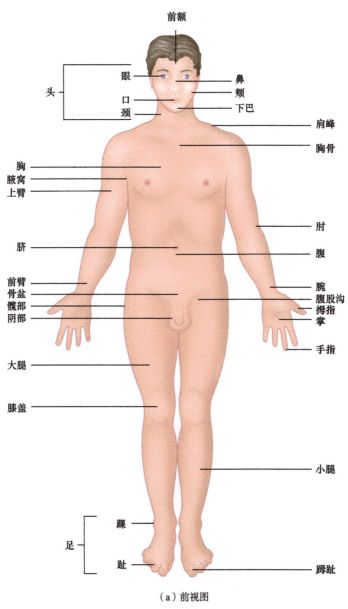

（a）前视图

图 1.14　表示身体特定部位的术语

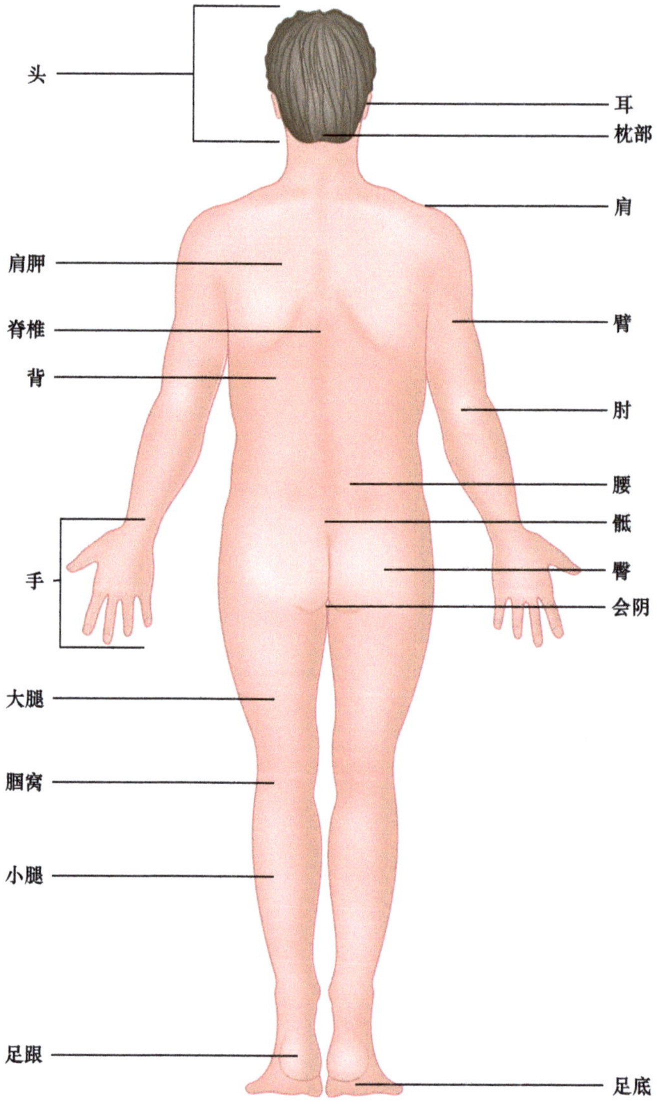

头

耳
枕部

肩

肩胛

脊椎

背

臂

肘

腰

骶

手

臀

会阴

大腿

腘窝

小腿

足跟

足底

（b）后视图

图 1.14　表示身体特定部位的术语（续）

身体的基本切面

术语"平面"是指穿过身体的二维部分，是用想象中的线条切割身体或某一部位，而得出的一个视图。

• 矢状面从前向后垂直切割身体，将身体分成左右两个部分。图1.15显示正中矢状面。

• 额状面（冠状面）垂直穿过身体，将身体分成前后两个部分，与矢状面成直角。

• 横断面（水平面）是水平的断面，将身体分成上下两个部分，与其他两个面均呈直角。

最常用的平面如图1.15所示。

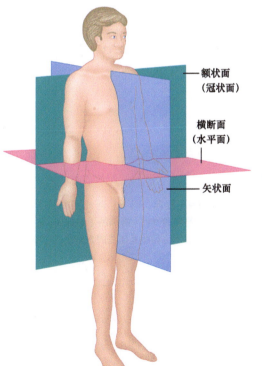

图1.15　身体的基本切面

解剖动作

身体部位运动的方向是相对于胎儿体位而言的。四肢屈曲形成胎儿体位；四肢伸展则脱离胎儿体位（见图1.16）。

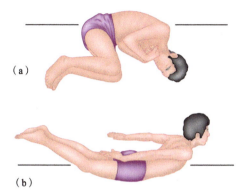

图1.16　（a）屈曲而成胎儿体位；（b）伸展而脱离胎儿体位

主要动作（见图1.17至图1.20）

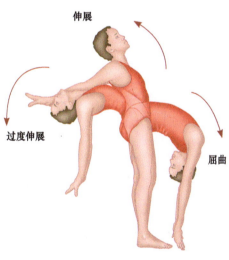

图1.17　屈曲：弯腰，减小关节中骨之间的角度。自解剖体位开始，除了膝关节屈曲是向后的，屈曲通常是向前的。记住，屈曲总是呈胎儿体位

伸展：伸直或向后弯曲。总是脱离胎儿体位

过度伸展：四肢伸展超过正常范围

图 1.18 **侧屈**：在额状面（冠状面）上向侧面弯曲躯干或头部

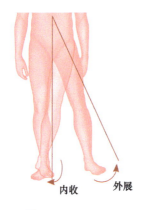

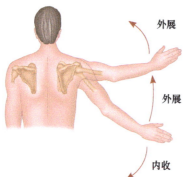

图 1.19 **外展**：骨向远离身体中线或四肢中线的方向移动

内收：骨向靠近身体中线或四肢中线的方向移动

注意：臂在肩膀以上高度继续进行外展时，肩胛骨必须绕其轴旋转，向上翻转关节盂［参见图 1.27（b）］

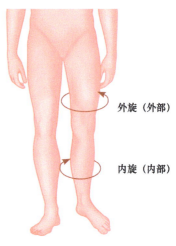

图 1.20 **旋转**：骨或躯干绕其垂直轴运动

内旋：向内、向中线旋转

外旋：向外、远离中线旋转

其他运动

本章所述运动仅限于特定的关节或身体部位，通常涉及不只一个关节（见图 1.21 至图 1.28）。

图 1.21 （a）**旋前**：向下、向地面翻转手掌（站立，肘部弯曲 90°，或仰卧于地面），或者向远离解剖体位和胎儿体位的方向翻转手掌

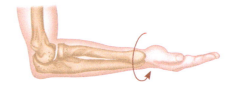

图 1.21 （b）**旋后**：向上、向屋顶翻转手掌（站立，肘部弯曲 90°，或仰卧于地面），或者向解剖体位和胎儿体位翻转手掌

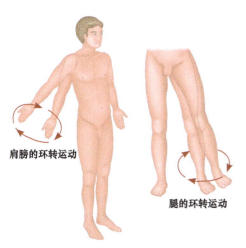

图 1.25 前伸：在横断面内向前运动，使上肢带骨前伸

图 1.22 环转运动：骨的远端以环形运动，而近端保持稳定；此运动组合了屈曲、外展、伸展和内收

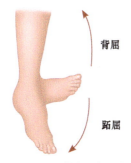

图 1.23 跖屈：使脚趾向下指向地面
背屈：使脚趾向上指向天空

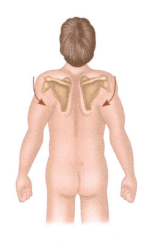

图 1.26 后缩：在横断面内向后运动，向后收紧肩胛骨

图 1.24 内翻：将足底向内翻转，使两个足底相对
外翻：将足底向外翻转，使两个足底相互远离

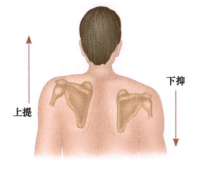

图 1.27 （a）上提：身体的一部分沿额状面向上运动，如通过耸肩提升肩胛骨
下抑：身体的一部分沿额状面向下运动

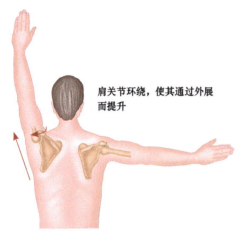

肩关节环绕，使其通过外展
而提升

图 1.28 **对掌**：拇指关节特有的运动；使拇
指触及同一只手其他手指的指尖

图 1.27 （b）通过外展而提升：肩关节外展，
然后继续提升手臂，使其在额状面内高于头部

图 1.27 （c）经屈曲而提升：屈曲肩关节，然
后继续提升手臂，使其在矢状面内高于头部

2

骨骼肌、肌肉骨骼力学、筋膜和生物张拉整体

骨骼肌结构与功能

骨骼肌（或随意肌）约占人体总体重的40%，其主要功能是通过协调收缩和抑制产生运动。骨骼肌通过肌腱（或有时直接）附着在骨上。肌肉直接或通过肌腱附着在骨骼上相对固定点的地方称为起点。肌肉在收缩时经一个或多个关节将张力传递给骨，产生运动。肌肉与移动骨连接的结束端称为止点。

骨骼肌结构概况（见图2.1）

骨骼肌的功能单位称为肌纤维，是一种含多个核的长圆柱形细胞，宽度为10～100微米，长度为数毫米至30多厘米。肌纤维的细胞质称为肌浆，包裹在一层细胞膜内，这层细胞膜称为肌膜。肌内膜是一层精细的膜，围绕着单个肌纤维。

肌纤维呈束状，聚集成纤维束，外覆肌束膜。肌纤维束聚集成组，包封在一层筋膜鞘内，这层筋膜鞘称为肌外膜。这些肌膜自起点肌腱直至止点肌腱，贯穿整个肌肉。有时将整个结构称为肌腱单元。

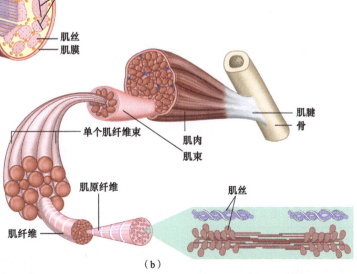

图2.1 （a）每条骨骼肌纤维都是一个圆柱状的肌肉细胞；（b）肌肉组织横断面

为更详细地说明肌肉组织的微观和整体结构，这里对下列肌肉组织的组成部分进行介绍：肌原纤维、肌内膜、纤维束、肌束膜、肌外膜、深层筋膜和浅表筋膜（见图 2.2 至图 2.3）。

肌原纤维

在电子显微镜下可观察到贯穿整条肌纤维的收缩成分，称作肌原纤维。每条肌纤维都具有明暗相间隔的条纹，这是肌纤维特有的横纹理，这些横纹理称作肌丝。明亮的纹理称为各向同性带（I 带），主要由肌动蛋白构成的细长肌丝组成。较暗的纹理称作各向异性带（A 带），主要由肌球蛋白构成的较厚肌丝组成。另一种连接丝由黏性肌联蛋白构成，该蛋白质在人体中的含量在所有蛋白质中排名第 3。

肌球蛋白连接丝有一个源自连接丝的延长部分，呈马鞍状，非常像船桨。这些延长部分锁扣在肌动蛋白连接丝上，在两种类型的细丝之间形成称作"横桥"的结构。这些横桥利用 ATP 的能量将肌动蛋白束拉在一起。*数套明暗连接细丝就这样像互锁的手指一样逐

渐增大重叠度，导致肌肉收缩。每套肌动蛋白 - 肌球蛋白称为一个肌原纤维节（或肌节、肌小节）。

• 较明亮的区域称为 I 带，较暗的区域称为 A 带。

•Z 线为 I 带中线位置细长的暗线条。

• 肌原纤维节的定义为两条相邻 Z 线之间的肌原纤维部分。

• A 带的中央包含 H 区。

• M 线将 H 区一分为二，描绘肌原纤维的中央轮廓。

如果外力导致肌肉伸展超过强直性痉挛休息水平（参见下文中的"强直性痉挛"），收缩期间肌动蛋白和肌球蛋白之间的互联效应就出现逆转。起初，肌动蛋白和肌球蛋白连接丝调节伸展，但在继续伸展的情况下，肌联蛋白就吸收位移。肌联蛋白连接丝决定了肌纤维的伸展性能和抗伸展性能。研究表明，肌纤维（肌原纤维节）在准备充分的情况下最大能够伸展至其休息状态下正常长度的 150%。

肌内膜

肌内膜是一种精细的结缔组织，位

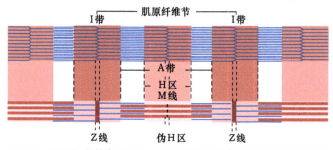

图 2.2　肌原纤维节中的肌丝。每个肌原纤维节的两端由 Z 线连接

---

　　* Hanson 和 Huxley 的肌丝滑动理论（Huxley and Hanson，1954）对肌肉功能进行了部分解释，得到了广泛认可。肌肉接受神经冲动，释放肌肉内存储的钙离子。在肌肉的燃料——三磷酸腺苷存在的情况下，钙离子与肌动蛋白和肌球蛋白结合，形成静电（磁）键。这种键使肌纤维缩短，导致肌肉收缩或强直性痉挛程度加大。当神经冲动停止时，肌纤维松弛。连接丝有弹性成分，恢复其未收缩长度，即强直性痉挛的休息水平。

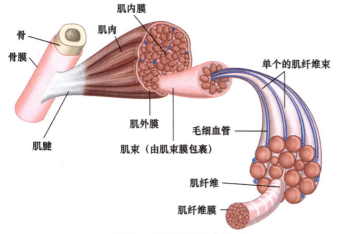

图 2.3　骨骼肌的结缔组织鞘

于肌纤维的肌原纤维节之外，将相邻的肌纤维隔离开来，并将其连接在一起。

纤维束

肌纤维成束状平行排列，称为纤维束。

肌束膜

每条纤维束由一致密的胶原鞘包裹，这种胶原鞘称为肌束膜。

肌外膜

整块肌肉，也就是一大捆纤维束，外包一层纤维鞘。此纤维鞘称为肌外膜。这种结构有利于力的传递。

深层筋膜

肌外膜外有一层粗糙的片状纤维性结缔组织，将肌肉结合成功能组。这种筋膜延伸并包裹邻近的其他结构。

浅表筋膜

尽管其实际情况在不同区域各不相同，具有专属性，但浅表筋膜主要是脂肪性筋膜，含有斜隔，使皮肤与深层筋膜连接。

据报道，浅表筋膜，特别是颈部浅表筋膜中有收缩纤维。

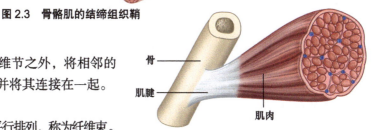

(a)

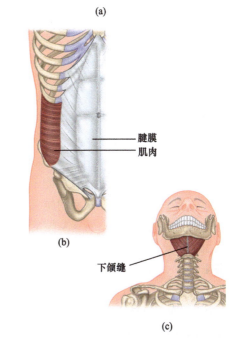

(b)

(c)

图 2.4　（a）肌腱附着处；（b）腱膜附着处；（c）下颌缝

肌肉附着

肌肉直接或间接地附着在骨或其他组织上。直接附着（称为肉质附着）是指肌肉的肌束膜或肌外膜与骨膜、软骨的软骨膜、关节囊或皮肤下的结缔组织（某些表情肌就是此类不错的实例）联合或融合。间接附着是指肌肉的结缔组织成分与胶原纤维束融合，形成一个介入性肌腱。间接附着更为常见。肌肉附着包括：肌腱、腱膜、肌间隔和籽骨等不同类型（见图 2.4）。

肌腱和腱膜

当肌肉筋膜（肌肉的结缔组织成分）结合在一起，并延伸到肌肉的末端，成圆形索状或偏平带状结构，这种腱性附着被称为肌腱；如果其延伸成细长、扁平而宽大的片状结构，这种附着被称为腱膜。肌腱或腱膜将肌肉固定在骨、软骨或其他肌肉的筋膜上，或者纤维性组织的接合处。

肌间隔

在某些情况下，致密的结缔组织平片也称作肌间隔，其穿过肌群，形成肌纤维附着的另一种媒介。

籽骨

如果肌腱易受摩擦，就可能（尽管不是必然）形成籽骨。足底的腓骨长肌肌腱就是一例。不过，不受摩擦的肌腱内也可能会有籽骨。

多重附着

许多肌肉仅有 2 个附着部位，每端 1 个。然而，较复杂的肌肉的起点和 / 或止点部位常附着在数个不同的结构上。如果这些附着部位是孤立的，也就是说该肌肉在不同位置产生 2 种或 2 种以上的肌腱和（或）腱膜，则称该肌肉具有 2 个或更多的头。例如，肱二头肌在其起点处有 2 个头，其中 1 个源自肩胛骨的喙突，另 1 个源自盂上结节（见第 180 页）。肱三头肌有 3 个头，股四头肌有 4 个头。

红肌纤维与白肌纤维

历史上，骨骼肌纤维分成 3 种类型：（1）红色慢肌纤维，或称 I 型肌纤维；（2）白色快肌纤维，或称 IIa 型肌纤维；（3）中间快肌纤维，或称 IIb 型肌纤维。近来，Ic、IIc、IIac、IIab、IIm 型和其他型（如 IIX）也有报道。

1. 红色慢肌纤维（I 型）：这种纤维为细长的细胞，收缩缓慢。红色是因为其含有一种类似于血红蛋白的物质——肌红蛋白。肌红蛋白存储氧，增加肌纤维内氧的扩散。只要氧供应充分，红色纤维可持续收缩，抗疲劳性极强。优秀的马拉松运动员体内这种红色肌纤维含量通常很高。

2. 白色快肌纤维（IIa 型）：这些纤维为较大的细胞，收缩迅速，呈苍白色，是因为其肌红蛋白含量低。由于白色纤维的收缩依赖于纤维内短期存在的储备糖原，故其容易迅速疲劳。然而，这些纤维能够产生比红色纤维强很多的收缩活动，可在短时期内进行快速而有力的运动。优秀的短跑运动员体内这种白色纤维的含量较高。

3. 中间快肌纤维（IIb 型）：这种红色或粉红色的纤维在大小和活性上处于红色和白色纤维之间。

注意：每块肌肉都含这 3 种肌纤维，具有一定程度的抗疲劳性和收缩速度。

血液供应

一般而言，每块肌肉都接受动脉供应，通过血液将营养送入肌肉中，并经静脉血管将肌肉排出的代谢副产物带入血流。虽然这些血管通常从肌肉中央进入，但也可能经一端进入。此后，这些血管产生分支，形成网状的毛细血管，分支延伸至整个肌间隔中，最后穿过每条肌纤维周围的肌内膜。毛细血管在锻炼期间发生扩张，肌肉内的血流量可增加800倍。不过，由于肌肉的肌腱是由相对不活动的组织构成的，其血流供应较少。

神经供应

神经供应通常在与血液供应相同的位置进入肌肉（神经血管束），并穿过结缔组织，产生分支后以类似方式进入肌内膜。每块骨骼肌都由单个神经末梢供应。这与能够在没有任何神经刺激的情况下就收缩的其他肌肉组织形成对比。

尽管某些肌肉可能接受到单独的感觉神经分支，但进入肌肉的神经通常含有比例大致相当的感觉神经纤维和运动神经纤维。当神经纤维靠近肌纤维时，分成许多末端分支，统称为运动终板。

骨骼肌运动单位

运动单位（见图2.5）由单个的运动神经细胞和受其刺激的肌纤维构成。运动单位的大小各异，上肢肌肉圆柱体直径为5～7毫米，下肢肌肉圆柱体直径为7～10毫米。一个单位内的肌纤维数量平均为150个（但其变动范围为10以下至数百）。在需要进行精细层次运动的肌肉中，如眼周肌群或手指肌群，单个神经细胞供应的肌纤维数量就很少。

相反，在需要进行剧烈运动的肌肉中，如下肢肌肉，每个神经细胞可供应含数百根纤维的运动单位。

一个运动单位内的肌纤维分布在整个肌肉内，而非聚集成簇。这就意味着，刺激一个运动单位可使整个肌肉产生微弱的收缩。

骨骼肌的工作遵循"全或无原则"。换言之，成组的肌细胞或纤维束要么收缩，要么不收缩。根据所需的收缩强度，一定数量的肌细胞完全收缩，而其他肌细胞根本就不收缩。当需要较大肌肉力量时，多数运动单位可同时受到刺激。然而，在正常情况下，运动单位通常接力工作，在长时间收缩的情况下，有些单位收缩，而另一些单位受抑制。

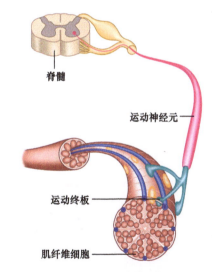

脊髓

运动神经元

运动终板

肌纤维细胞

图2.5　骨骼肌的运动单位

肌肉反射

骨骼肌内有两种可感受张力（长度或伸展）的专属性神经受体：肌梭和高尔基腱器（GTOs）（见图2.6）。肌梭像雪茄状，由微小的改良肌纤维（梭内纤

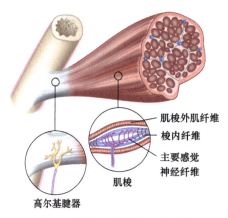

图 2.6 肌梭与高尔基腱器解剖

维）和神经末梢构成；这些结构被包裹在一个结缔组织鞘内，位于主要的肌肉纤维之间且与其平行。高尔基腱器多数位于肌肉与其肌腱或腱膜的连接处。

牵张反射（单突触反射弧）

牵张反射有助于通过维持肌张力控制姿势。它还通过使肌肉对长度突然增加产生反应，有助于防止受伤。其工作方式如下（见图 2.7）。

1. 当肌肉伸长时，肌梭激活，每个纺锤体向脊髓发送一个神经冲动信号，传达伸长速度。

2. 脊髓一旦接收到此信号就立即向已伸长的肌纤维回发一个适当的冲动信号，使其收缩，以使此运动减速。这种循环过程称为反射弧。

3. 同时脊髓向正在收缩的肌肉的拮

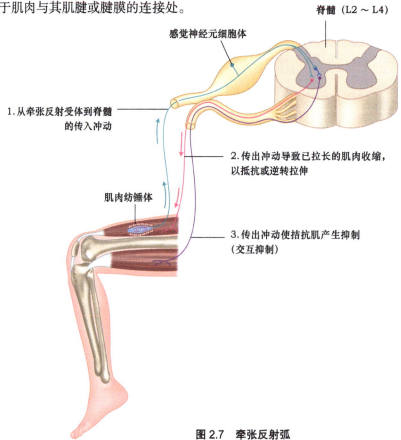

图 2.7 牵张反射弧

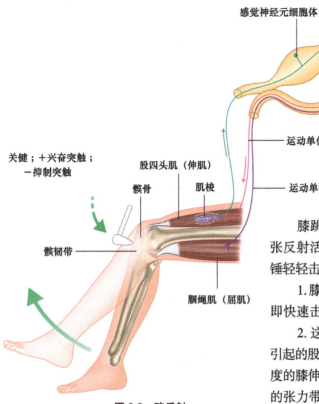

图 2.8　膝反射

抗肌（即与收缩相反的肌肉）发送一个冲动信号，使其产生抑制，无法抵抗已伸长肌肉的收缩。此过程称为交互抑制。

4. 伴随这种脊髓反射，神经冲动还沿脊髓向大脑发送与中继肌肉长度和肌肉收缩速度有关的信息。大脑中的反射将神经冲动反馈给肌肉，以确保适当的肌肉张力得以维持，从而满足姿势和运动的需求。

5. 同时，源自脊髓内运动神经元的 γ 传出神经纤维稳定和调控肌梭内的梭内纤维的伸长灵敏度 *。γ 运动神经元反射弧确保肌肉收缩的均匀性，而肌肉张力如果仅依赖于牵张反射，则会抽筋。

膝跳反射或膝反射（见图 2.8）是牵张反射活动的经典临床实例。用小橡皮锤轻轻敲打膝腱，产生以下的系列事件。

1. 膝腱突然伸长，股四头肌被拉伸，即快速击打膝腱导致肌腱突然伸长。

2. 这种快速拉伸是由股四头肌肌梭引起的股四头肌收缩。这将导致一个小幅度的膝伸动作，使小腿向前踢把肌梭上的张力带走。

3. 同时，神经冲动传到腘绳肌（股四头肌的拮抗肌），导致腿部肌群的功能被抑制。

牵张反射活动的另一个显而易见的实例就是，当人坐着入睡时，头部会向前放松，然后猛地被拉回来，这是因为颈部背面的肌梭伸长，激活了反射弧。

牵张反射还一直维持我们姿态肌肉的紧张。换言之，这能使我们无须刻意地有意识地努力就能保持站立，而不向前跌倒。防止这种向前跌倒的一系列事件发生在几分之一秒内，如下所示。

1. 我们在站立中自然而然地开始向前倾。

2. 腓肠肌拉长，激活牵张反射。

* 这些神经纤维的功能是调节肌肉纺锤体的灵敏度和肌肉的总张力。

3.腓肠肌收缩，将我们身体拉回到直立位。

深层肌腱反射（自体抑制）

牵张反射涉及肌梭对肌伸长的反应，与此相对，深层肌腱反射（见图2.9）涉及高尔基腱器对肌收缩或张力过度升高的反应。因此，深层肌腱反射的作用与牵张反射相反。其工作方式如下。

1.肌肉收缩时，拉动位于肌肉两端的肌腱。

2.肌腱的张力使高尔基腱器向脊髓传送冲动（冲动有时继续传至小脑）。

3.当这些冲动到达脊髓时，就会抑制运动神经供应肌肉收缩，降低肌肉的紧张感。

4.同时，供应拮抗肌的运动神经被激活，导致其收缩。此过程称为交互激活。

5.与此同时，小脑处理传送来的信息并进行反馈，以协助调整肌肉张力。

深层肌腱反射具有保护功能：防止肌肉过度收缩而撕裂其在骨上的附着。故在涉及屈曲和伸展快速切换的活动中，如跑步，就特别重要。

注意：肌肉张力在正常的日常运动中并不足以激活高尔基腱器的深层肌腱反射。相对而言，肌梭牵张反射的阈值设定得很低，因其必须一直维持姿态肌肉足够的肌张力，以保持身体直立位。

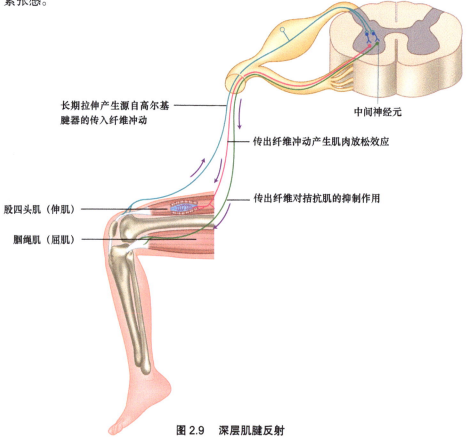

图 2.9 深层肌腱反射

肌肉收缩

肌肉受刺激后收缩，试图将附着位置拉到一起，但这并不一定导致肌肉长度缩短。如果肌肉收缩没有产生运动，这样的收缩称为等长收缩；如果产生某类运动，这类收缩称为等张收缩。

等长收缩

肌肉张力增加，而肌肉长度不改变的收缩是等长收缩（见图2.10）。换言之，尽管肌肉紧张，但肌肉所附着的关节并不移动。肘部静止保持屈曲是一实例。试图提起很重而无法移动的某物是另一实例。

注意，有些姿态肌肉主要通过牵张反射进行等长收缩。例如，身体在直立位时具有向前跌倒的自然趋势。与此类似，如果背部肌肉不进行等长收缩，使头部保持正中，颅骨的重心会使头部向前倾斜。

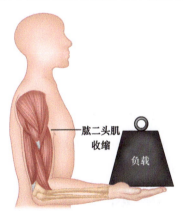

图2.10 等长收缩，例如，在静止状态下，肘部屈曲90°，手上持重物

等张收缩

肌肉的等张收缩使我们能四处移动。等张收缩有2种类型：向心和离心。

向心收缩

肌肉在进行向心收缩时，附着位置移动得更靠近，使关节产生运动。以持有物体为例，如果肱二头肌向心收缩，则肘关节屈曲，手部抵抗重力而向肩膀移动。与此类似，当我们靠在瑜伽球上进行卷腹运动时，腹部肌群必须进行向心收缩，以提升躯干位置（见图2.11）。

离心收缩

离心收缩意味着肌纤维以受控方式工作，减缓运动，否则，重力将使其进行得过于迅猛。将拿在手中的物体放低就是一个实例（见图2.12）。向下坐在椅子上是另一个实例。因此，向心收缩与离心收缩的区别在于，前者的肌肉缩短，而后者的肌肉伸长。

图2.11 腹部向心收缩，以抬高身体

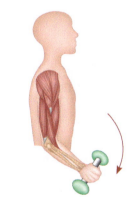

图2.12 肱二头肌离心收缩，将物体（哑铃）向下放在一侧

肌肉形状（肌束排列）

肌肉按照其肌束排列方式而形成了各种形状，这是为了使肌肉相对于其位置和动作具有最佳的力学效果。最常见的由肌束排列方式形成的肌肉形状有平行肌、羽状肌、汇聚肌、环形肌，且这些形状还包含子类。不同的肌肉形状见图2.13。

平行肌

在此排列方式中，肌束平行于其长轴。如果该肌束延伸贯穿整个肌肉，则其被称为条状肌，如缝匠肌。如果该肌肉的腹部扩张，两端有肌腱，则其被称为梭状肌，如肱二头肌。

羽状肌

羽状肌获此命名是由于其短纤维束倾斜地附着在肌腱上，类似羽毛的结构（拉丁语 penna 表示"羽毛"）。如果肌腱位于肌肉一侧，则被称为单羽状肌，如腿部的趾长屈肌。如果肌腱位于肌肉中部，纤维倾斜地附着在两侧，则被称为双羽状肌，如股直肌。如果有很多肌腱突入肌肉，肌纤维倾斜地以数个不同方向附着（像许多羽毛靠在一起），这种肌肉被称为多重羽状肌；三角肌中束就是最好的例子。

汇聚肌

来源广泛，肌纤维汇聚于一个肌腱，呈三角形的肌肉被称为汇聚肌。胸大肌是最好的例子。

环形肌

肌纤维向心排列成环形的肌肉被称为环形肌。身体上的所有括约肌均属此类。这种肌肉环绕开口，肌肉收缩时开

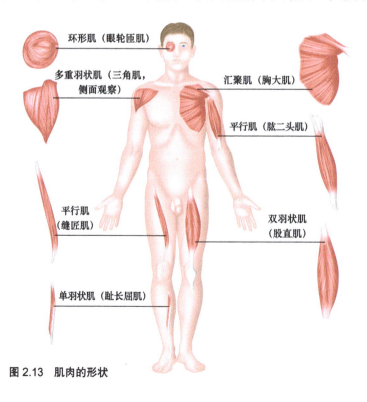

环形肌（眼轮匝肌）

多重羽状肌（三角肌，侧面观察）

汇聚肌（胸大肌）

平行肌（肱二头肌）

平行肌（缝匠肌）

双羽状肌（股直肌）

单羽状肌（趾长屈肌）

图 2.13　肌肉的形状

口闭合。眼轮匝肌就是一例。

运动范围与力量

肌肉收缩时最多可缩短至原长度的70%。因此，肌纤维越长，运动范围越大。肌肉力量取决于其包含的肌纤维总数，而非肌纤维长度。

1.虽然肌纤维平行而长的肌肉的运动范围最大，但其通常并不是很有力量。

2.多数肌纤维排列呈羽状（特别是多重羽状）的肌肉，其收缩程度小于肌纤维平行而长的肌肉，但这种肌肉常常很有力量。

骨骼肌的功能特征

本书目前所述关于肌肉的所有信息能使我们列出骨骼肌的许多功能特征。

兴奋性

兴奋性是接受刺激然后做出反应的能力。对于肌肉而言，当来自大脑的神经冲动到达肌肉时，肌肉释放一种被称为乙酰胆碱的化学物质。这种化学物质改变肌纤维中的电平衡，产生由动作电位引起的电流。动作电位使电流从肌细胞的一端传至另一端，引起肌细胞或肌纤维收缩。（记住，一个肌细胞就是一个肌纤维。）

收缩性

收缩性是肌肉受刺激后强制缩短的能力。肌肉本身仅能缩短，除非借助外力（即手动），否则不能伸长至超过其休息长度（参见下文的"强直性痉挛"）。换言之，肌肉仅可将自身端点拉近，而不能将其推开。

伸展性

伸展性是肌肉伸长或恢复到（或轻微超过）其休息长度（半收缩状态）的能力。例如，如果我们在站立时自髋部向前俯身，背部肌肉（如竖脊肌）发生离心伸长，以降低躯干，此时其轻微地超出正常的休息长度，也就是"伸长"。

弹性

弹性描述了肌肉纤维在被拉长后回弹的能力，因此肌肉在松弛时恢复其休息长度。结缔组织鞘（肌内膜和肌外膜）的弹性对整个肌肉的弹性效应起补充作用。肌腱也具有一些弹性。例如，从前文所述的俯身动作中恢复时，可以体验到这种弹性回弹。起初并没有肌肉收缩，向上的运动纯粹是背部肌肉的弹性回弹；此后，背部肌肉收缩以完成此运动。

强直性痉挛

强直性痉挛或肌紧张是描述肌肉在休息过程中恢复至轻微收缩状态的术语。肌紧张不产生积极的动作，但能保持肌肉结实而健康，使其准备好接受刺激而产生反应。骨骼肌的紧张有助于稳定和保持体位。张力亢进的肌肉是指其在"正常"休息状态过度收缩的肌肉。

骨骼肌的常见功能

- 产生运动：骨骼肌负责所有的运动和控制，使你快速反应。

- 维持体姿：骨骼肌抵抗重力牵拉，维持直立姿态。

- 稳定关节：骨骼肌和其肌腱稳定关节。

- 产生热量：骨骼肌（与平滑肌和心肌共同）产生热量，这对维持正常体温至关重要。

参与身体不同运动的主要肌群，请参见附录2。

骨骼系统

人体的整体骨骼系统构成及重要部位的具体骨骼系统构成如图2.14至图2.19所示。

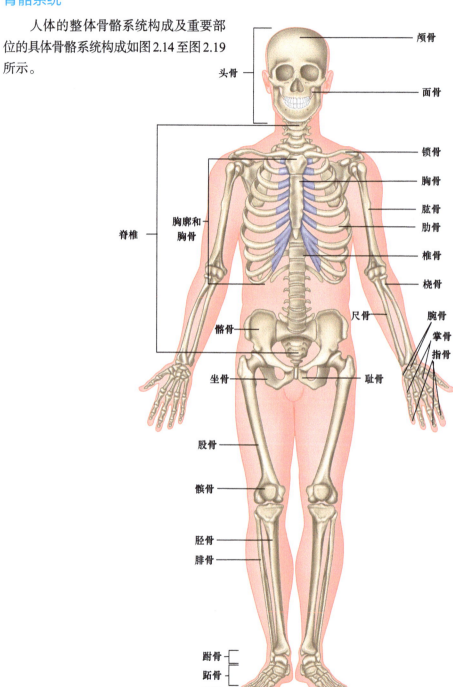

头骨
颅骨
面骨
锁骨
胸骨
肱骨
肋骨
椎骨
桡骨
脊椎
胸廓和胸骨
尺骨
腕骨
掌骨
指骨
髂骨
坐骨
耻骨
股骨
髌骨
胫骨
腓骨
跗骨
跖骨
趾骨

图2.14 （a）骨骼：前视图

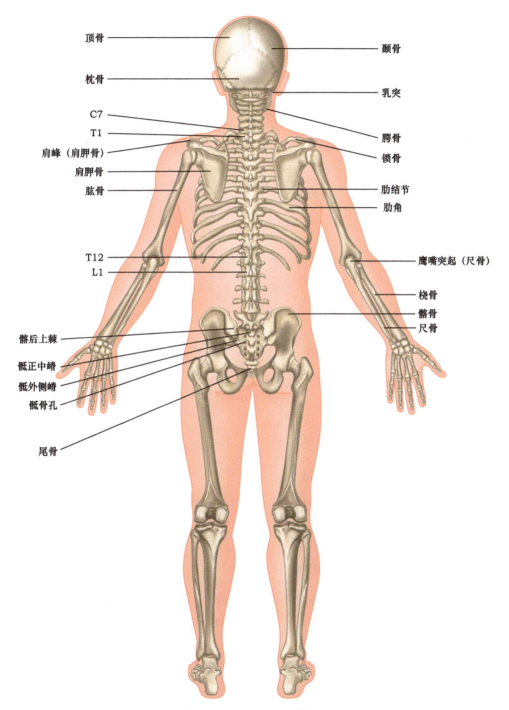

顶骨

枕骨

C7

T1

肩峰（肩胛骨）

肩胛骨

肱骨

T12

L1

髂后上棘

骶正中嵴

骶外侧嵴

骶骨孔

尾骨

颞骨

乳突

腭骨

锁骨

肋结节

肋角

鹰嘴突起（尺骨）

桡骨

髂骨

尺骨

图2.14 （b）骨骼：后视图

脊柱部分

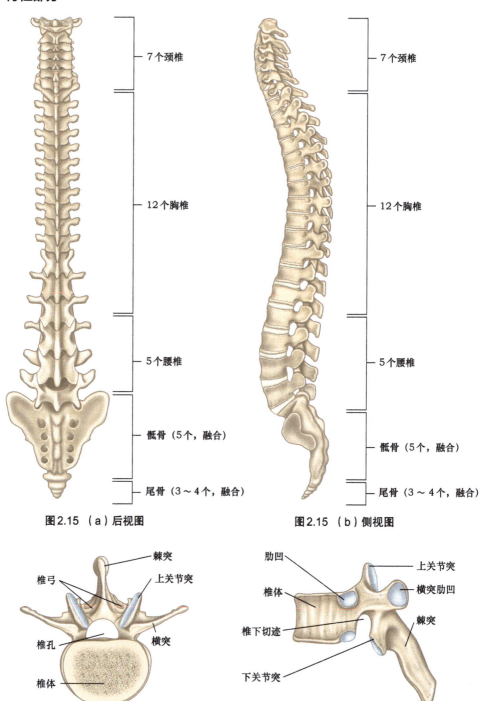

图 2.15 （a）后视图

图 2.15 （b）侧视图

图 2.15 （c）椎骨：腰椎（上视图）和胸椎（侧视图）

胸至骨盆区域

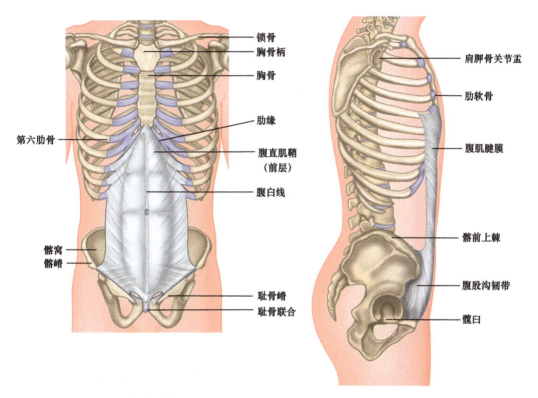

图 2.16 （a）前视图　　　　　　　　图 2.16 （b）侧视图

前视图标注：锁骨、胸骨柄、胸骨、肋缘、腹直肌鞘（前层）、腹白线、第六肋骨、髂窝、髂嵴、耻骨嵴、耻骨联合

侧视图标注：肩胛骨关节盂、肋软骨、腹肌腱膜、髂前上棘、腹股沟韧带、髋臼

肩胛骨

图 2.17　后视图

标注：锁骨、肩峰、肩胛冈、肩胛骨、外侧缘、肱骨、上角、内侧缘、下角

头骨至胸骨

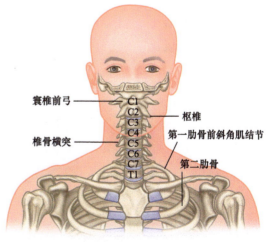

图 2.18　前视图（去除下颌骨和上颌骨）

标注：寰椎前弓、椎骨横突、C1、C2、C3、C4、C5、C6、C7、T1、枢椎、第一肋骨前斜角肌结节、第二肋骨

头骨至肱骨

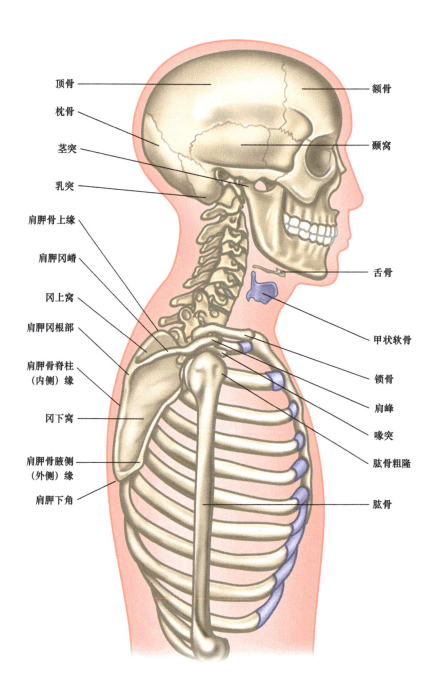

顶骨

枕骨

茎突

乳突

肩胛骨上缘

肩胛冈嵴

冈上窝

肩胛冈根部

肩胛骨脊柱
（内侧）缘

冈下窝

肩胛骨腋侧
（外侧）缘

肩胛下角

额骨

颞窝

舌骨

甲状软骨

锁骨

肩峰

喙突

肱骨粗隆

肱骨

图 2.19 侧视图

滑膜关节

滑膜关节具有包含关节液的关节腔。它可随意地移动，并具有一系列特征。

关节软骨（透明软骨），覆盖在构成关节的骨头末端。

关节腔，并不是真实的腔隙，而是一个潜在的腔隙，其间充满了起润滑作用的滑液。关节腔被一个双层的"套"或囊所包围，称为关节囊。关节囊外层称为囊韧带，是一层坚韧而柔软的纤维性结缔组织，与关节骨的骨膜连续。内层称为滑膜，是一层平滑的膜，由疏松的结缔组织构成，衬在关节囊和除有透明软骨覆盖之外的所有关节内表面。

滑液，占据关节囊内的自由空间。这种滑液还存在于关节软骨内，在软骨之间形成一层膜，以减少摩擦。当关节在运动中受压时，滑液被压出关节软骨，而当压力减弱时，滑液流回。软骨的血液供应较少，滑液对软骨有营养作用，还含有吞噬细胞（吞噬坏死的细胞物质），来清除关节腔内的微生物或细胞废物。不同关节中滑液的量虽然不同，但都足够形成一层薄膜，减少摩擦。关节受伤时，产生过量液体，导致特征性的关节肿胀。这些过量的液体后续由滑膜吸收。

侧或副韧带，决定关节的力量和运动。滑膜关节由许多韧带强化：这些韧带或为关节囊韧带即纤维性关节囊本身的增厚部分，或为不同于关节囊的独立副韧带。韧带依其在关节周围的位置和数量不同，限制一定方向的运动及防止不必要的运动。韧带在骨之间发挥连接作用。一般而言，韧带越多，关节就越稳定。

滑囊，一种充满液体的囊，常对关节起缓冲作用。其内衬有滑液膜，含滑液。滑囊见于跟腱和骨之间、韧带和骨之间、肌肉和骨之间，可减少摩擦，起缓冲作用。

腱鞘，包裹易受摩擦的肌腱，起保护作用。经常出现在滑膜关节附近，并具有与滑囊相同的结构。

关节盘（半月板），起吸收冲击作用（类似于耻骨联合的纤维软骨盘），见于某些滑膜关节。例如，膝关节（见图 2.20）中两块半月形的纤维软骨盘，分别称为内侧和外侧半月板，位于股骨内侧髁和外侧髁之间，以及胫骨内侧髁和外侧髁之间。

有关滑膜关节的注意事项。

• 某些肌腱的一部分位于关节内，称为囊内韧带。

• 许多肌腱的大部分纤维与关节囊整合，关节囊与韧带之间的界限不清。

• 位于关节腔内的韧带称为囊内韧带，位于关节腔外的韧带称为囊外韧带。

• 虽然膝关节的许多韧带是肌腱的延伸或扩展部分，但仍将其归类为韧带，以区别于常起稳定作用的肌腱。源自股四头肌的髌韧带就是一个实例。

• 多数滑膜关节附近有属于各自关节的各种滑囊。

滑膜关节（动关节）的子分类

滑膜关节有多种类型：平面关节、屈戌关节、车轴关节、球窝关节、髁状关节、鞍状关节、椭圆关节（见图 2.21 至图 2.27）。

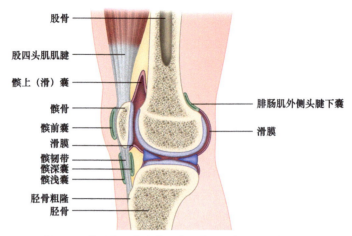

股骨

股四头肌肌腱

髌上（滑）囊

髌骨

髌前囊

滑膜

髌韧带
髌深囊
髌浅囊

胫骨粗隆
胫骨

腓肠肌外侧头腱下囊

滑膜

图 2.20 典型的滑膜关节：膝关节（正中矢状面）

平面关节

平面关节（又称滑动关节或微动关节）的 2 个平面（一般是平坦或轻微弯曲的）之间发生轻微滑动，从而产生运动。实例：肩锁关节、手腕的腕骨间关节、踝部的跗骨关节、**椎间关节**、骶髂关节。

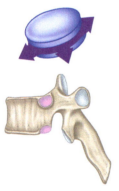

图 2.21 平面关节

屈戌关节

屈戌关节（又称滑车关节）的运动仅围绕一个如盒盖铰链一样的横轴。一根骨的突出部分插入另一根骨的凹形或圆柱形关节面，可进行屈曲或伸展。实例：指间关节、**肘关节**和膝关节。

图 2.22 屈戌关节

车轴关节

车轴关节的运动围绕一个垂直的轴，又称枢轴关节或圆柱关节。圆柱状的骨面插入一个由骨或韧带形成的环内，并在其中旋转。实例：枢椎齿突插入寰椎孔内，使头部能够从一侧向另一侧旋转；还有，**桡骨**和**尺骨**在肘部的关节使圆形桡骨头在固定于尺骨上的韧带"环"内旋转。

图 2.23 车轴关节

球窝关节

球窝关节包含一个由骨的球状或半球状头部形成的"球"，这个球状结构可在另一根骨的"凹座"内旋转，使身体可进行屈曲、伸展、内收、外展、环转运动。这种关节有多个轴，是所有关节中运动范围最大的一种。实例：**肩关节**和髋关节。

图 2.24　球窝关节

髁状关节

髁状关节与球窝关节相同，其关节面为球形，插入与其相配的凹陷内。此外，髁状关节也与球窝关节相同，能够进行屈曲、伸展、外展、内收和环转运动。不过，周围韧带和肌肉使其无法绕垂直轴进行主动旋转。

实例：手指（不包括拇指）的**掌指关节**。

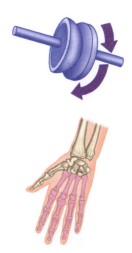

图 2.25　髁状关节

鞍状关节

鞍状关节除了两个关节面分别呈凸面和凹面，像配合在一起的马鞍和马背之外，其余与髁状关节类似。这种关节能够进行的运动甚至多于髁状关节。实例：拇指的**腕掌关节**可使拇指向其余四指翻转。

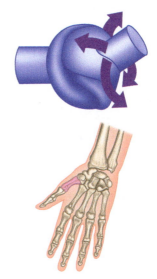

图 2.26　鞍状关节

椭圆关节

椭圆关节与球窝关节相似，但其关节面为椭球形而非球形。除受限于椭球面而无法进行旋转之外，这种关节的运动均与球窝关节类似。实例：**桡腕关节**。

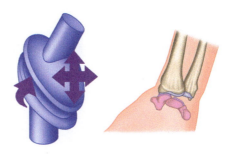

图 2.27　椭圆关节

肌肉骨骼力学

起点和止点

本章的开始部分已简要讨论了肌肉的起点和止点。肌肉的一个附着位置在大多数运动中保持相对静止，而另一端发生移动。较静止的附着位置通常称为肌肉的起点，而另一附着位置称为止点（见图2.28）。与门进行类比：使门关闭的弹簧起点位于门柱上，而其止点位于门本身。

不过，像这样排列清晰的结构在身体内很少见，这是因为依据关节参与的活动不同，肌肉的固定端和移动端可能发生转变。例如，把上肢连接到胸部的肌肉在正常情况下使手臂相对于躯干发生移动，这就是说，其起点位于躯干而止点位于上肢。然而，在攀爬运动中，双臂固定，牵引躯干向固定的上肢移动。在此情况下，止点是固定的，而起点移动，此时可认为该肌肉在进行反向动作（见图2.29）。由于肌肉进行反向动作的情况很常见，有时就简单地说成附着部位，而不提起点和止点。

在实践中，位于更近侧（更靠近躯干或在躯干上）的肌肉附着部位通常被称为起点。位于更远侧（远离肢体的连接端或远离躯干）的附着部位则被称为止点。

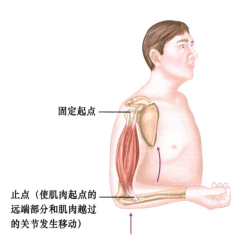

固定起点

止点（使肌肉起点的远端部分和肌肉越过的关节发生移动）

图2.28　肌肉工作时起点固定，而止点发生移动

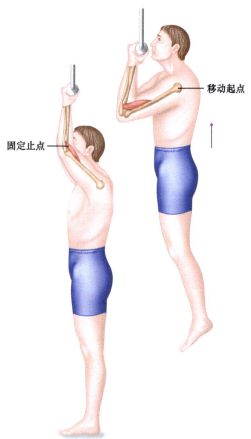

固定止点

移动起点

图2.29　攀爬：肌肉工作时，止点位置固定，而起点移动（反向动作）

肌群的动作组

　　肌群协同或按相反方式工作，以完成各种运动。因此，无论一块肌肉能做什么，总有另一块肌肉能阻止它。肌肉还能够发挥额外的支撑或稳定作用，使某些动作能够在其他位置发生。

　　肌肉按功能可分成4组：

　　1. 原动肌；

　　2. 拮抗肌；

　　3. 协同肌；

　　4. 固定肌。

原动肌

　　原动肌（也称为主动肌）是指收缩后产生特定运动的肌肉。例如，肱二头肌在肘部屈曲时就是原动肌。其他肌群尽管效果有限，但也可辅助原动肌共同运动，这种肌肉称为辅助肌或协同肌。例如，肱肌辅助肱二头肌使肘部发生屈曲，是一块协同肌。

拮抗肌

　　位于关节上与原动肌相反一侧的肌肉称为拮抗肌，其必须放松，原动肌才能收缩。例如，当手臂前方的肱二头肌收缩使肘部屈曲时，手臂背部的肱三头肌必须放松，这种运动才能发生。当此运动逆转（即肘部伸展）时，肱三头肌成为原动肌，而肱二头肌担任拮抗肌的角色（见图 2.30）。

协同肌

　　协同肌阻止在原动肌收缩时可能发生的不必要运动。这在原动肌跨越两个关节的情况下特别重要，因为在其收缩时，除非有其他肌群稳定其中一个关节，否则，两个关节均会发生运动。例如，使手指发生屈曲的肌群不仅跨越指关

节，还跨越腕关节，可能使两个关节发生运动。不过，由于其他肌群的协同作用，稳定了腕关节，手指能够屈曲成拳头，而手腕并不同时发生屈曲。

　　原动肌可进行不止一个动作，故协同肌也会消除其他不必要的运动。例如，尽管肱二头肌使肘部发生屈曲，但其拉拽线也使前臂旋后（像拧螺丝一样使前臂扭转）。

　　如果在前臂屈曲时不向上转动手掌，则必须收缩其他肌群以阻止此转动。在这种情况下，这些协同肌有时也被称为中和肌。

固定肌

　　当协同肌固定原动肌起点时，可以被更具体地称为固定肌或稳定肌，其为

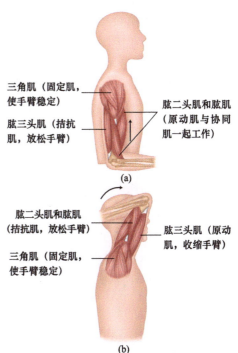

图2.30　肌群的动作组：(a) 在肘部屈曲手臂；(b) 在肘部伸展手臂（显示原动肌和拮抗肌角色互换）

原动肌动作提供稳定的基础。在上肢运动中稳定肩胛骨的肌群就是很好的例子，另一个例子就是仰卧起坐运动。腹部肌群附着在胸廓和骨盆上，当收缩这些肌肉进行仰卧起坐运动时，髋部固定肌协同收缩，防止腹部肌群使骨盆倾斜，使上半身向前卷曲而骨盆保持静止。

杠杆

在经典的生物力学中，骨、关节和肌肉共同形成体内的杠杆系统，以优化特定运动所需的相对力量、范围和速度。关节起着支点的作用，肌肉施力，骨承受移动部位的重量。

附着位置在支点附近的肌肉比附着位置较远的肌肉弱。不过，由于杠杆长度放大了其可移动的附着部位的移动距离，所以运动范围和运动速度较大。图2.31中的髋内收肌体现了这一原则。这样排列的肌肉（在这种情况下是长收肌）具有力学优势，可移动更重的负载。靠近支点附着的肌肉尽管能够迅速地移动

负载通过较长的距离，却处于力学劣势。

图2.32至图2.38用人体中的例子显示第1类、第2类和第3类杠杆的区别。

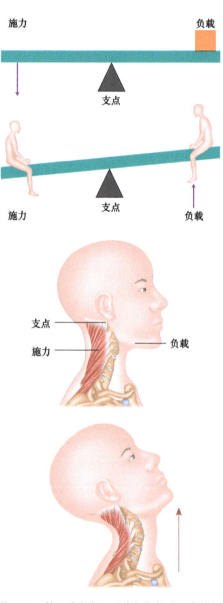

图2.32 第1类杠杆：这类杠杆构成要素的相对位置为负载-支点-施力。例如跷跷板和剪刀。人体中的例子为头部和颈部伸展的能力：这里的面部结构是负荷，寰枕关节为支点，颈后部肌肉施力

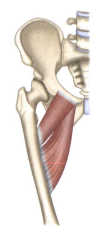

图2.31 耻骨肌附着比长收肌更靠近运动轴。因此，耻骨肌虽然比髋内收肌弱，但其每收缩1厘米却能使下肢产生更大范围的运动

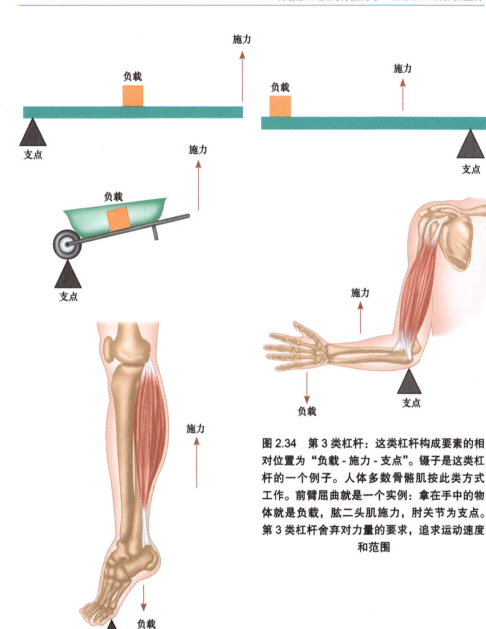

图 2.34 第 3 类杠杆：这类杠杆构成要素的相对位置为"负载 - 施力 - 支点"。镊子是这类杠杆的一个例子。人体多数骨骼肌按此类方式工作。前臂屈曲就是一个实例：拿在手中的物体就是负载，肱二头肌施力，肘关节为支点。第 3 类杠杆舍弃对力量的要求，追求运动速度和范围

图 2.33 第 2 类杠杆：这类杠杆构成要素的相对位置为"支点 - 负载 - 施力"。最好的例子就是独轮手推车。人体中的例子为在站立状态下将脚跟抬离地面：足的跖球部是支点，体重为负载，腓肠肌施力。第 2 类杠杆舍弃对运动速度和范围的要求，追求力量

限制骨骼运动的肌肉因素

肌肉无法收缩或伸长超过某个范围，这实际上会导致身体运动的一些障碍，下文对此进行概述。

被动不足

跨越 2 个关节的肌肉称为双关节肌。这些肌肉除非经过放松训练，否则无法充分工作，使两个关节同时运动。例如，多数人需要弯曲膝盖才能触及脚趾；这是因为腘绳肌（跨越髋关节和膝关节）无法伸长到足以使髋关节完全屈曲，除非将膝关节牵拉成屈曲状态。因此，膝盖屈曲比膝盖伸直更容易将大腿拉近胸部。这种限制称为被动不足。被动不足是指肌肉伸长无法超过一定比例。

(a)   (b)

图 2.35　被动不足的例子 1：（a）屈膝才能触及脚趾意味着腘绳肌被动不足；（b）膝盖伸直就能够触及脚趾意味着腘绳肌的被动不足很少

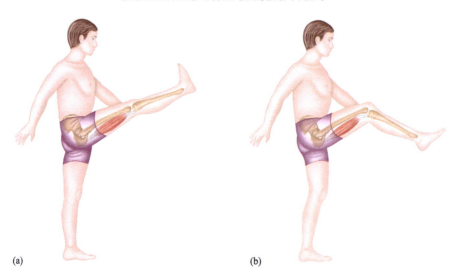

(a)   (b)

图 2.36　被动不足的例子 2：（a）只有经过训练，使腘绳肌克服被动不足，才能在膝盖伸直的情况下进行高踢腿；（b）大多数人高踢腿时受限于腘绳肌被动不足，膝盖弯曲

主动不足

主动不足与被动不足相反。被动不足是由于肌肉伸长无法超过一定比例，而主动不足是指肌肉无法缩短超过一定比例。例如，多数人能够在髋关节屈曲的情况下屈曲膝盖，使脚跟靠近臀部，此时腘绳肌的上部伸长，下部缩短。然而，正常人在髋关节伸展的情况下无法完全屈曲膝关节，这是因为髋关节伸展时腘绳肌已经缩短，这意味着腘绳肌缩短使膝关节屈曲的潜力不足。

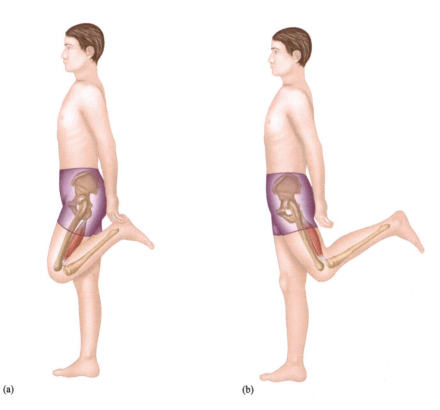

(a)   (b)

图 2.37 主动不足的例子：（a）髋关节屈曲，腘绳肌在髋关节处伸长，其能够收缩且使膝关节完全屈曲；（b）髋关节伸展，腘绳肌就不能进一步收缩而使膝关节完全屈曲

伴随动作

如果在膝关节伸展的同时需要伸展髋关节，就像在奔跑时推离地面动作中那样，则会出现我们所说的伴随动作现象，其被证明非常有用。要掌握伴随动作的概念，首先应记住，当腘绳肌收缩时，既能单独也能同时伸展髋关节和屈曲膝关节。详细分析跑步的例子，可发现如下情况。

• 当脚反推地面时，腘绳肌收缩，髋关节伸展。

• 同时，固定肌防止腘绳肌屈曲膝关节。

• 结果，腘绳肌仅在其上端（起点）缩短，而在其下端（止点）保持伸长。

• 腘绳肌伸展髋关节动作的拮抗肌是股直肌，其因交互抑制而放松，使腘绳肌收缩。

• 当髋关节充分伸展时，已伸展的股直肌就不能进一步伸长，故牵拉膝关节呈伸展状态。

• 股直肌上端伸长，下端缩短。

伴随动作使腘绳肌和股直肌的两端既不一起缩短也不一起伸长，而是一端缩短时另一端伸长，这样就避免了两块肌肉被动和主动不足，而其他肌肉亦是如此。图 2.38 阐述了此概念。

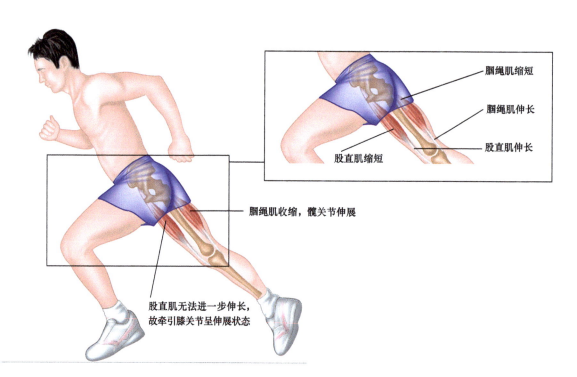

股直肌无法进一步伸长，故牵引膝关节呈伸展状态

腘绳肌收缩，髋关节伸展

腘绳肌缩短
腘绳肌伸长
股直肌伸长
股直肌缩短

图 2.38 伴随动作

逆势动作

　　如果膝关节伸展时需要髋关节屈曲，像在踢球动作中那样，则会产生逆势动作。详细分析踢球的实例（见图2.39），可发现如下情况。

　　·在进行踢球动作时，股直肌在屈曲髋关节和伸展膝关节时，作为原动肌。

　　·股直肌上端和下端均缩短。

　　·腘绳肌因交互抑制而放松，两端均伸展，进行踢球动作。

　　·虽然此动作一完成，股直肌就会

放松，但运动的动量仍将腿向前推动。

　　·此时，腘绳肌收缩，在腿部向前运动时起"刹车"的作用。

　　逆势动作首先使拮抗肌放松，然后在恰当的时机收缩，以免冲力过度拉伸肌肉和韧带，防止发生损伤。虽然所谓的弹震式运动符合此原则，但其常常过于猛烈，冲力超过拮抗肌的"刹车"作用。此情况下常发生肌肉和韧带损伤（见图2.40）。

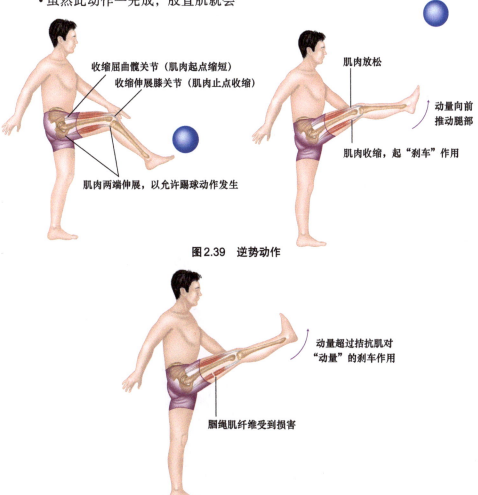

收缩屈曲髋关节（肌肉起点缩短）
收缩伸展膝关节（肌肉止点收缩）
肌肉两端伸展，以允许踢球动作发生

肌肉放松
动量向前推动腿部
肌肉收缩，起"刹车"作用

图2.39　逆势动作

动量超过拮抗肌对"动量"的刹车作用
腘绳肌纤维受到损害

图2.40　过度弹震式拉伸导致受伤

核心稳定性

骨骼肌在日常活动中起稳定或运动的作用。稳定肌群保持体姿，或保持身体处于某一特定体位，从而作为"平台"使其他肌群能以某种方式移动身体。

稳定肌群常位于身体深层。其肌纤维长时间进行最小限度的收缩，以维持体姿或稳定的平台；因此这些肌群耐力好，有许多慢肌纤维。体姿不良或体力活动少的人的这些肌肉的紧张度常不足，而这又进一步加剧体势不佳问题，并降低稳定功能动作的能力。

当稳定肌群未被充分利用时，神经冲动更难传导到这些肌群，导致难以募集的问题。这就是说，如果长时间不使用某块肌肉，在重新使用它时就更难用神经来支配这块肌肉。因此，专门针对深层稳定肌群的锻炼对现代社会的大多数人有益。

保持躯干成为四肢运动的一个稳定平台非常重要。因为躯干是身体的"核心"，其作为稳定平台的能力被称为核心稳定性。良好的核心稳定性可使重力或其他外力无法干扰想要进行的动作。核心稳定肌群可被再训练，特别是通过支撑和稳定性训练，如进行物理治疗、普拉提、太极拳、哈达瑜伽等。从本质上来说，核心稳定性可被描述为在人体其他部位运动期间成功维持脊柱自然曲度（中性对齐）的深层肌群的募集情况。

良好的核心稳定性源自稳定躯干的深层肌群的协调收缩，以稳定脊柱，相当于拉紧杆子或桅杆的导向绳以使其保持强度和位置。

深层稳定或核心稳定肌群在总体上形成我们所说的肌肉内单元。这些肌群包括腹横肌、多裂肌、盆底肌、膈肌及腹内斜肌后部纤维。启动四肢运动的主要肌群与内单元协同工作，共同被称为外单元或整体肌群，包括竖脊肌、腹斜肌、背阔肌、臀肌、腘绳肌和髋内收肌。以下效应总结了如何通过身体力学的辅助因素提升核心稳定性。

胸腰筋膜增益

当腹壁受腹横肌牵拉时，腹内斜肌起协同作用，牵拉胸腰筋膜（包裹在

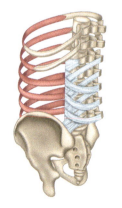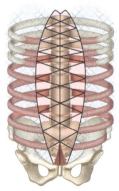

图 2.41　胸腰筋膜的张力增加，压迫竖脊肌和多裂肌，刺激其收缩，
并抵抗使脊柱屈曲的力

脊柱周围，连接深层躯干肌群）。这反过来对腰椎施力，对其起支撑和稳定作用，这种力称为胸腰筋膜增益。更具体地说，胸腰筋膜的张力增加，压迫竖脊肌和多裂肌，刺激其收缩，并抵抗使脊柱屈曲的力量（见图 2.41）。其经典的例子就是帐篷的导向绳，共同支撑帐篷的主要结构。

研究证明，除上述情况外，椎旁肌——棘间肌和横突间肌（参见第 131～135 页）辅助维持核心稳定性，各自对邻近的椎骨起类似韧带的稳定作用。

重要的不是募集躯干深层肌群，而是如何及何时募集这些肌群。Hodges 和 Richardson（1997）是核心稳定性理论的两位重要研究者，他们证明：腹横肌和多裂肌在四肢运动之前发生共同收缩。这表明：这些肌肉预料到可能作用在腰椎上的动力并在其他地方发生动作之前稳定该区域。

腹内压（IAP）（见图 2.42）

腹横肌向内推腹壁且盆底肌、腹内斜肌和下背部肌群共同收缩时，腹腔压力增加，从而向围绕腹直肌的腹直肌鞘施加张力。由于腹直肌鞘附着在腹内斜肌和腹横肌上，因此能有效地包围腹部。腹直肌鞘的张力使腹部压力增加，像加压气球一样，这进一步提升了核心稳定性。在实践中，当提起重物或进行投掷期间屏住呼吸时，可清晰地体验到膈肌和盆底肌的收缩。

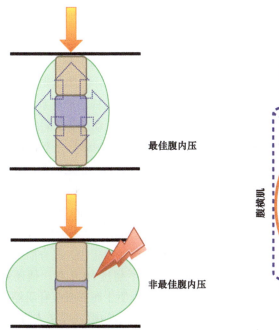

最佳腹内压

非最佳腹内压

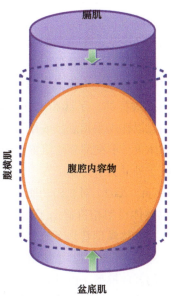

膈肌

腹横肌

腹腔内容物

盆底肌

图 2.42　胸腔和腹腔内最佳压力的生成

生物张拉整体——21世纪的生物力学

John Sharkey和Stephen M. Levin两位博士在本书中依据该领域最近的研究提出了对肌群的新理解。知道每块肌肉的"起点"和"止点"是对肌肉、韧带、筋膜和骨之间连接的简单理解。一块肌肉与其他肌肉、筋膜鞘和血管鞘连接成一个连续体，得以在大面积内发挥其效用，这可能还具有多重作用（Huijing & Baan，2001）。我们建议使用"骨连接"，而非"起点"和"止点"。

目前还已知，肌肉不是双向性的（即要么收缩，要么不收缩），而是总具有一些张力或肌紧张（Masi & Hannon，2008）。这就是说，主动肌和拮抗肌的概念应替换为对肌群共同收缩和协同作用的理解。所有的肌肉现在都应被认为是"协同肌"。

跨越2个或多个关节的肌群是闭合运动链的一部分，远离目标部位的肌肉动作可能对目标产生重大影响。手指和脚趾也是这样的。手部和足部有肌群，但均不足以在用手指悬挂或用脚趾站立时支撑体重。中央部分的肌群经闭合运动链赋予外周关节力量。

Levin（2002）对肌肉功能如何与生物张拉整体模型相符提出了新的理解。生物张拉整体模型替代了建立400年之久的压缩和杠杆模型。生物结构是低能量消耗的开放模型，由具有非线性行为的、柔软的黏弹性材料构成。骨以这种装配方式成为压缩枢纽，参与复杂而连续的由结缔组织、筋膜、韧带和肌群构成的张力网络。肌筋膜张力的连续网络结构与整合在运动系统中的软组织一致，软组织和骨作为张力和压缩构成要素的一个功能整体而工作。

新模式总是不易掌握或接受，特别是当需要理解的事物乍一看与所见事物相背时。自2008年本书发行以来，研究人员对人体运动逐渐有了更准确的认识。知名专家的研究和文章已对目前基于牛顿学说的生物力学模式提出质疑（Sharkey，2014）。新的研究和假说有助于解释人类（及所有生命体）如何移动。例如，Bartelink（1957）曾尝试提出一种解释人体运动的数学模型，引入腹内压的概念。如Levin所述，这一新概念承认"如果目前基于牛顿学说的生物力学模式是正确的，那么一位爷爷将他3岁孙子提起来的力量的计算值将压垮他的脊柱；用飞杆末端抓住鱼时，钓鱼者的四肢将被扯断；每走一步，足部的小跖骨就将被压碎"。许多领先的权威人士认为，用基于杠杆的传统系统解释力的产生和所致的运动是有缺陷的。

Gracovetsky（1988）并不认同腹内压能解释人体如何产生足以抬起重物的力的观点。按Gracovetsky的说法，腹内压必须升高至血压的20倍（足以使腹部破裂）才能提起250千克的重物。Gracovetsky进一步指出，竖脊肌能支撑的最大负荷不超过50千克。他还提出一个假说，当躯干屈曲至竖脊肌停止工作的位置时，由胸腰筋膜来支撑负荷。一旦恢复站立体位时，竖脊肌就重新承受负荷，而胸腰筋膜松弛。腹横肌收缩，牵拉侧缝靠近棘突尖，以维持腰椎前凸。只要胸腰筋膜产生的张力足以启动此运动，此假说就有理，可替代腹内压假说。这需要胸腰筋膜传递力或其产生力。

Tom Myers（2001）在《解剖列车》一书中用敏锐而生动的语言帮助读者理解，采取分部而非将人体视为一个整体进行分析所导致的局限性。人体没有用螺栓将肱骨和尺骨或股骨和胫骨连接起来。汽车、楼房等非生物结构的连接需要螺栓、螺丝和杠杆。人体源于最大的细胞（卵细胞）和最小的细胞（精子）的结合，而不是工厂中制造出的单个零件。2个变成4个，4个变成8个，8个变成16个等。每个细胞都是其邻居的复制品，直至空间受限。胚胎发育至此，细胞开始出现分化。细胞群最终专属化，成为神经、消化组织、收缩组织、眼球、肝脏、脾脏和其他的"零件"，不仅构成整体，也是整体中不可分割的一部分（见图2.43）。

"生物张拉整体"理论反对骨骼为软组织提供一个框架的概念，并提出人体是一个由连续肌筋膜构成的预紧张（自我紧张）的整体网络，其中散布有非连续的压缩支柱（骨骼）。

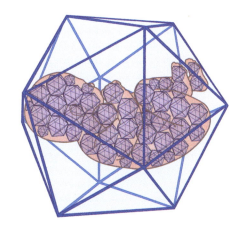

图 2.43　婴儿二十面体：图像描绘了一个含有数个二十面体的更大的二十面体，体现了一种有生命的结构或生命构架——生物张拉整体的分部性质

建筑师 Architect Buckminister Fuller（Sharkey，2014）因创造了术语"张拉整体"而大获赞扬。这个词是"张力"和"整体"这两个单词的组合。Fuller 的学生 Artist Kenneth Snelson 在 1949 年构建了张拉整体的首个浮压结构。Levin 博士（2002）创立了"生物张拉整体"这一术语，给出了一种解释所有生命体力学构架的模型。强烈推荐阅读由 Scarr（2013）撰写的《生物张拉整体：生命的结构基础》一书。

3

头部肌群

颅顶肌有 2 个肌腹，从颅骨前部至后部，位于彼此相对的位置，通过帽状腱膜连接。前部为**额肌**，后部为**枕肌**，二者也合称为枕额肌。颅顶肌，或者说枕额肌，对面部表情具有重要作用，如提眉。

耳（耳郭）外肌包括前部、上部和后部肌群，其中耳上肌最大。**耳前肌**、**耳上肌**和**耳后肌**与颅顶肌类似，也通过帽状腱膜连接。帽状腱膜是一种覆盖在颅骨上的扁平肌腱，附着在外耳软骨上。这些肌肉辅助头皮和耳朵的移动。

眼睑肌群包括眼轮匝肌、上睑提肌和皱眉肌。**眼轮匝肌**环绕眼睛，包括 3 个部分——眶部、睑部和泪囊部，这些部分与眨眼和被迫闭眼有关。**上睑提肌**位于眼眶内，其筋膜直接附着于泪腺，主要功能是辅助提升眼睑。**皱眉肌**是一块小肌肉，与皱眉有关，位于眉弓，可向下和向内牵拉两个眉毛。

鼻部肌群包括降眉间肌、鼻肌和降鼻中隔肌。**降眉间肌**附着在一层覆在鼻根部的膜上，形成鼻和前额之间的桥，向下牵拉眉内侧。它也有助于额骨的动作。**鼻肌**位于鼻外侧，压缩（横部）和扩张（翼部）鼻软骨。**降鼻中隔肌**如其名称一样，向下牵拉鼻翼。

口部有许多肌肉。**口轮匝肌**是一块环绕口唇的肌肉，对面部表情起重要作用，还能促进用力呼气。**提上唇肌**能抬高上唇，也是一块面部表情肌。**提口角肌**的筋膜与颧肌、降口角肌（口三角肌）和口轮匝肌直接连接，也是一块重要的面部表情肌。**颧大肌和颧小肌**都是面部肌肉，协助口、鼻和脸颊的发音动作。**降下唇肌**辅助下唇下降，在其位于下颌骨的起点处与颈阔肌融合，并止于下唇皮肤。**降口角肌**源自下颌骨，在口角处止于口轮匝肌的筋膜。**颏肌**是重要的面部表情肌，用于表示疑虑。**笑肌**是另一块面部表情肌，起于腮腺上覆的筋膜；止于口角轴和口角处的皮肤。**颈阔肌**是一种皮肌，辅助向下牵拉口部，附着于颏部和颌部的浅筋膜，并向下附着于颈部和胸部上四分之一的浅筋膜。**颊肌**是重要的咀嚼肌和面部表情（如微笑）肌；新生儿用此肌肉吮吸。

咀嚼肌包括咬肌、颞肌和翼状肌。**咬肌**是咀嚼及上提和前伸下颌骨的主要肌肉。此肌肉起于上颌骨的颧突和三分之二颧弓，止于下颌角及下颌支和冠突外表面。**颞肌**与咬肌协同工作，起于覆盖颞窝、颧骨、额骨、顶骨、蝶骨和颞骨的颞筋膜，止于下颌骨冠突顶点和下颌支前缘。缩短且紧张的颞肌导致磨牙，磨牙会损伤牙齿敏感的表面。**翼状**

肌（内侧和外侧）起提升下颌骨及闭合颌部的作用，**翼外肌**将下颌从一侧移到另一侧。翼状肌起于翼突外侧板和上颌结节，止于下颌骨内侧（凹）角。

大多数情况下，上述肌肉都由面神经或其前后分支支配，如三叉神经（V）。

头皮肌群

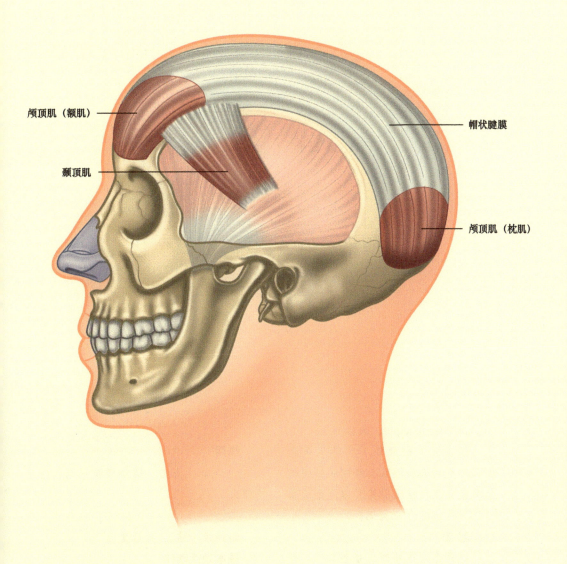

颅顶肌（额肌）

颞顶肌

颅顶肌（枕肌）

帽状腱膜

颅顶肌－枕肌（Epicranius-Occipitalis）

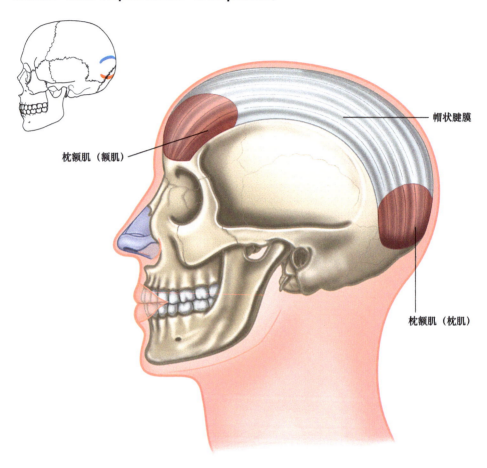

帽状腱膜

枕额肌（额肌）

枕额肌（枕肌）

拉丁语：occiput，头后部。

颅顶肌（枕额肌）实际上是两块肌肉（枕肌和额肌）经帽状腱膜联合而成。帽状腱膜因其类似一个头盔（拉丁语：galea）而得名。

起点

枕骨上项线外侧三分之二。颞骨乳突。

止点

帽状腱膜（延伸至额腹的片状肌腱）。

作用

向后牵拉头皮。辅助额腹提眉、皱额头。

神经

面神经（Ⅶ）（耳后支）。

基本功能动作

促进面部表情。

颅顶肌－额肌（Epicranius-Frontalis）

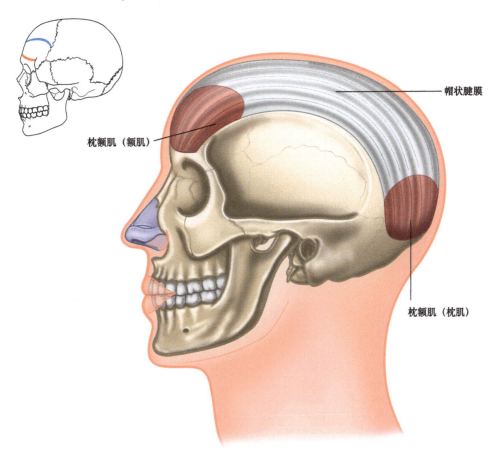

帽状腱膜

枕额肌（额肌）

枕额肌（枕肌）

拉丁语：frons，前额，头前部。

颅顶肌（枕额肌）实际上是两块肌肉（枕肌和额肌）经帽状腱膜联合而成。帽状腱膜因其类似一个头盔（拉丁语：galea）而得名。

起点

帽状腱膜（延伸至枕腹的片状肌腱）。

止点

眼和鼻上方的筋膜和皮肤。

作用

向前牵拉头皮。提眉，使前额出现横向皱纹。

神经

面神经（Ⅶ）（颞支）。

基本功能动作

促进面部表情。

颞顶肌（Temporoparietalis）

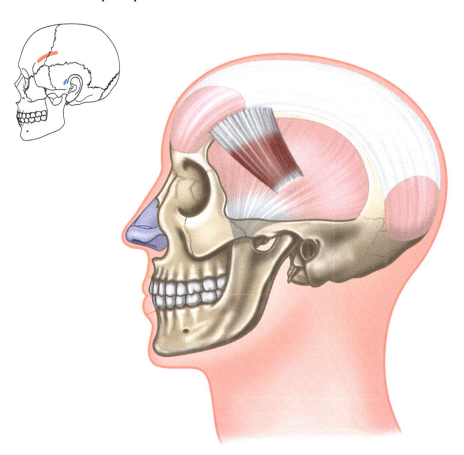

拉丁语：tempus，颞部；parietalis，
与腔壁有关。

起点

耳上部筋膜。

止点

帽状腱膜外侧缘。

作用

收紧头皮。提升双耳。

神经

面神经（Ⅶ）（颞支）。

耳部肌群

耳前肌、耳上肌和耳后肌又称耳外肌。除非经过训练，一般而言，人体的这些肌肉是非功能性的。

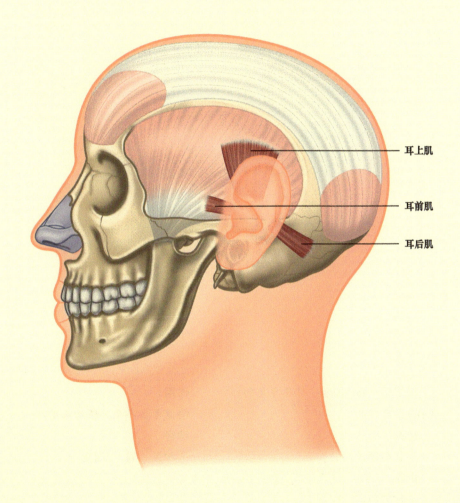

耳上肌

耳前肌

耳后肌

耳前肌（Auricularis Anterior）

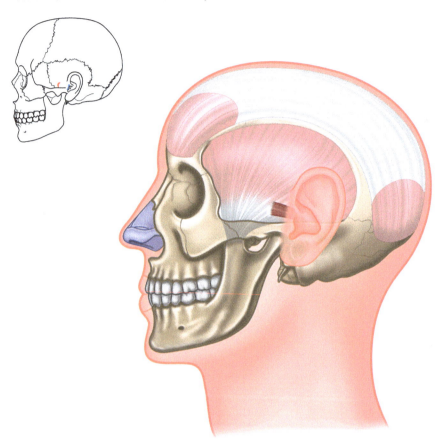

拉丁语：auricularis，与耳有关的；
anterior，前部的。

起点

耳前部颞区筋膜。

止点

耳轮前部。

作用

向前牵拉耳朵、移动头皮。

神经

面神经（Ⅶ）（颞支）。

耳上肌（Auricularis Superior）

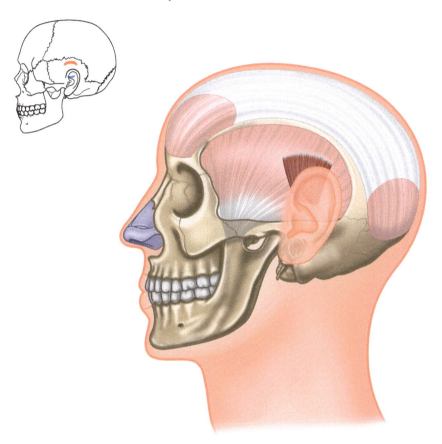

拉丁语：auricularis，与耳有关的；superior，上部的。

起点

耳上部颞区筋膜。

止点

耳上部。

作用

向上牵拉耳朵。移动头皮。

神经

面神经（Ⅶ）（颞支）。

耳后肌 (Auricularis Posterior)

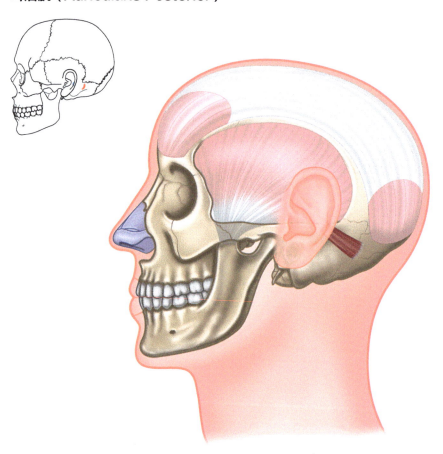

拉丁语: auricularis, 与耳有关的; posterior, 后部的。

起点

颞骨, 靠近乳突。

止点

耳后部。

作用

向后牵拉耳朵。

神经

面神经 (Ⅶ) (耳后支)。

眼睑肌群

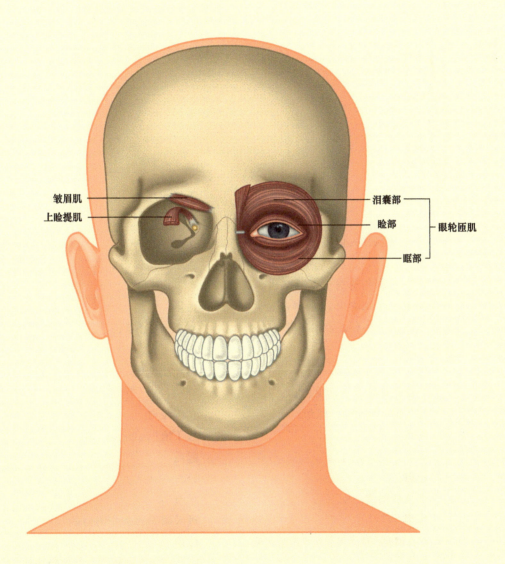

皱眉肌

上睑提肌

泪囊部

睑部

眶部

眼轮匝肌

眼轮匝肌（Orbicularis Oculi）

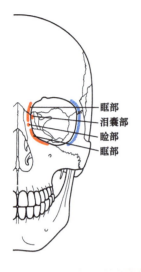

眶部
泪囊部
睑部
眶部

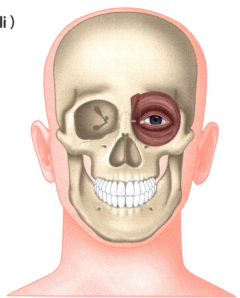

拉丁语：orbiculus，小圆盘；oculus，眼。

这块复杂且特别重要的肌肉由3部分构成——泪囊部、眶部和睑部；这3个部分一起形成了眼周围重要的保护机制。

泪囊部

在睑内侧韧带和泪囊后面。

拉丁语：lacrima，眼泪。

起点

泪骨。

止点

眼睑外侧缝。

作用

扩张泪囊，使鼻泪管处于眼睛表面。

神经

面神经（Ⅶ）（颞支和颧支）。

眶部

眼周围。

起点

额骨。眼眶内壁（上颌骨）。

止点

在眼眶周围形成环形通路，起点即止点。

作用

用力地闭合眼睑。

神经

面神经（Ⅶ）（颞支和颧支）。

睑部

在眼睑内。

拉丁语：palpebra，眼睑。

起点

睑内侧韧带。

止点

进入颧骨的睑外侧韧带。

作用

轻轻地闭合眼睑（不自觉的动作，如眨眼）。

神经

面神经（Ⅶ）（颞支和颧支）。

上睑提肌（Levator Palpebrae Superioris）

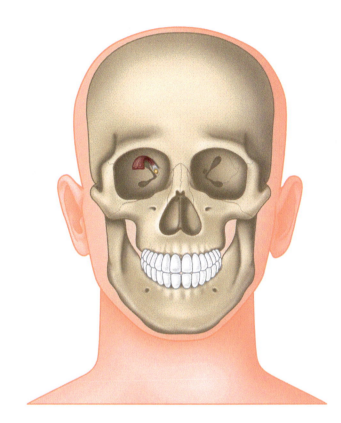

拉丁语：levare，抬起；palebrae，眼睑的；superioris，上部的。

此肌肉是眼轮匝肌睑部的拮抗肌。上睑提肌麻痹会导致上眼睑下垂，盖住眼球。

起点

眼眶根部（蝶骨小翼）。

止点

上眼睑皮肤。

作用

提升上眼睑。

神经

动眼神经（Ⅲ）。

基本功能动作

唤醒。

皱眉肌（Corrugator Supercilii）

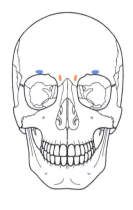

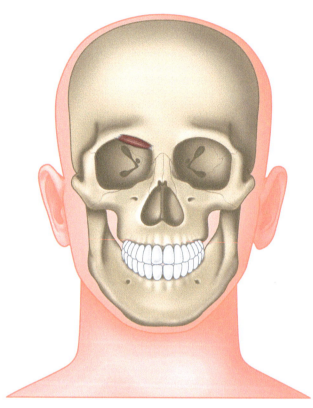

拉丁语：corrugare，使皱起；supercilii，眉毛的。

起点

额骨眉弓内侧端。

止点

眉毛内侧一半下方的皮肤深面。

作用

向内、向下牵拉眉毛，产生竖向皱纹，如皱眉。

神经

面神经（Ⅶ）（颞支）。

基本功能动作

促进面部表情。

鼻肌群

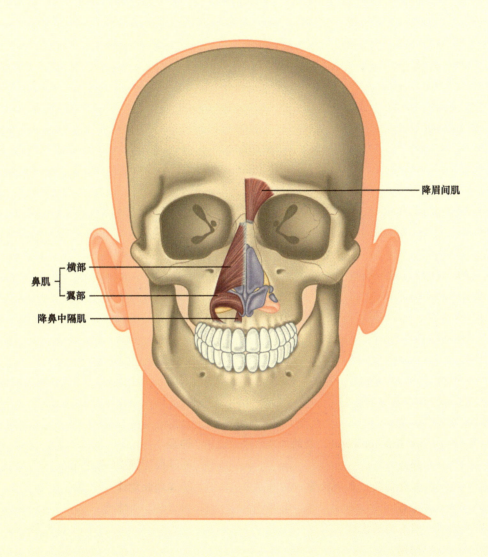

降眉间肌

鼻肌 {
横部

翼部

降鼻中隔肌

降眉间肌（Procerus）

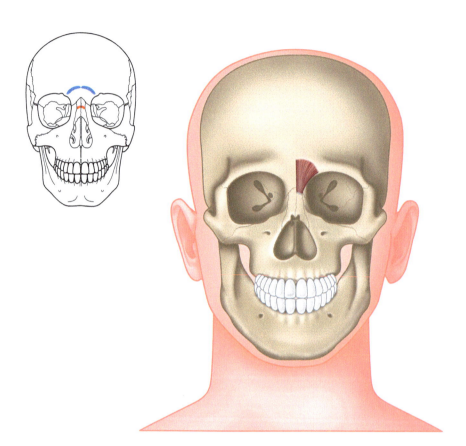

拉丁语：procerus，长的。

起点

鼻骨筋膜，鼻侧软骨。

止点

眉毛间的皮肤。

作用

皱鼻、向下牵拉眉毛内侧。

神经

面神经（Ⅶ）（颞支）。

基本功能动作

用力嗅、打喷嚏。

鼻肌（Nasalis）

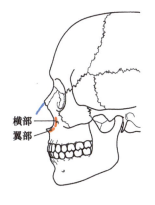

横部
翼部

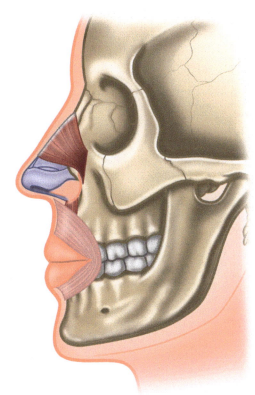

拉丁语：nasus，鼻。

起点

上颌骨中部（门齿和犬齿之上）。鼻翼大软骨。鼻上皮肤。

止点

连接鼻梁两侧的肌肉。鼻尖皮肤。

作用

在用力吸气时保持外鼻孔开放（即鼻孔张开）。

神经

面神经（Ⅶ）（颊支）。

基本功能动作

鼻子用力呼吸。

降鼻中隔肌（Depressor Septi Nasi）

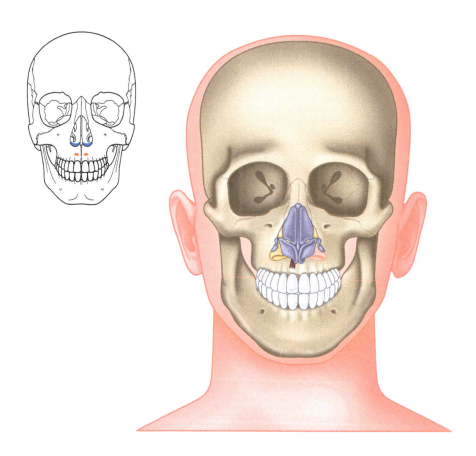

拉丁语: deprimere，向下按压；septi，分隔墙的；nasi，鼻的。

起点
上颌骨切牙窝（门齿之上）。

止点
鼻中隔和鼻翼。

作用
向下拉鼻肌，辅助打开鼻孔。

神经
面神经（Ⅶ）（颊支）。

基本功能动作
抽动鼻子。

口部肌群

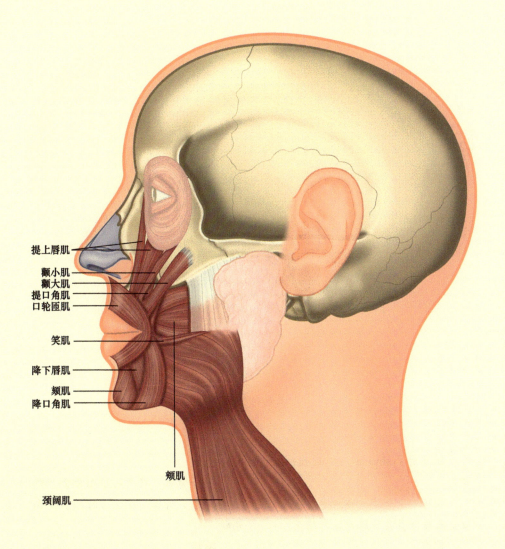

提上唇肌 ————
颧小肌 ————
颧大肌 ————
提口角肌 ————
口轮匝肌 ————

笑肌 ————

降下唇肌 ————
颏肌 ————
降口角肌 ————

颊肌 ————

颈阔肌 ————

口轮匝肌（Orbicularis Oris）

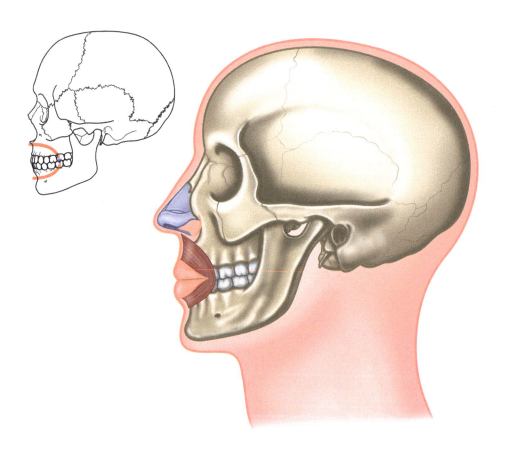

拉丁语：orbiculus，小圆盘；oris，口的。

此肌肉是环绕口部的复合括约肌，接受来自许多其他肌肉的纤维束。

起点

环绕口部的肌纤维，附着在唇及其周围部位的皮肤、肌肉和筋膜上。

止点

口角皮肤和筋膜。

作用

闭合嘴唇。将嘴唇压向牙齿。突出（撅起）嘴唇。在说话时控制嘴唇形状。

神经

面神经（Ⅶ）（颊支和下颌支）。

基本功能动作

控制涉及双唇的面部表情。

提上唇肌（Levator Labii Superioris）

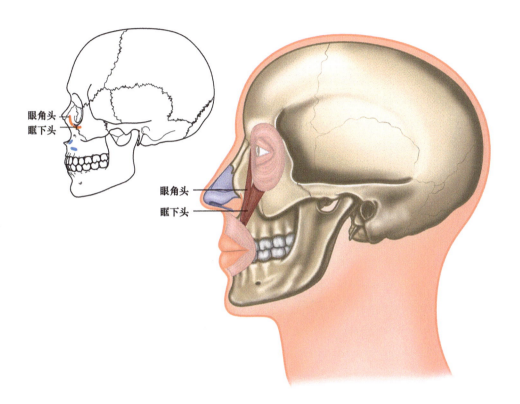

眼角头
眶下头

眼角头
眶下头

拉丁语：levare，提起；labii，唇的；superioris，上部的。

眼角头也称为提上唇鼻翼肌。

眼角头

起点

颧骨和上颌骨额突。

止点

鼻翼大软骨、上唇和鼻皮肤。

作用

提升上唇。扩张鼻孔。形成鼻唇沟。

神经

面神经（Ⅶ）（颊支）。

基本功能动作

促进面部表情和亲吻。

眶下头

起点

眼眶下缘。

止点

上唇肌群。

作用

提上唇。

神经

面神经（Ⅶ）（颊支）。

基本功能动作

促进面部表情和亲吻。

提口角肌（Levator Anguli Oris）

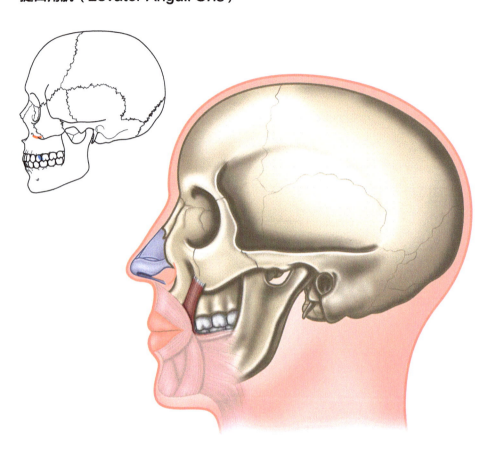

拉丁语：levare，提升；anguli，角的；oris，口的。

起点

上颌骨尖牙窝。

止点

口角。

作用

提升口角。

神经

面神经（Ⅶ）（颊支）。

基本功能动作

产生笑容。

颧大肌（Zygomaticus Major）

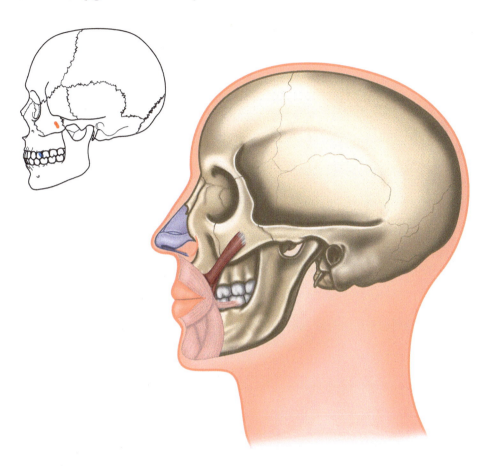

希腊语：zygoma，栏、闩。拉丁语：major，较大的。

起点

颧骨上侧面。

止点

口角皮肤、口轮匝肌。

作用

微笑时，向上、向后牵拉口角。

神经

面神经（Ⅶ）（颧支和颊支）。

基本功能动作

微笑。

颧小肌（Zygomaticus Minor）

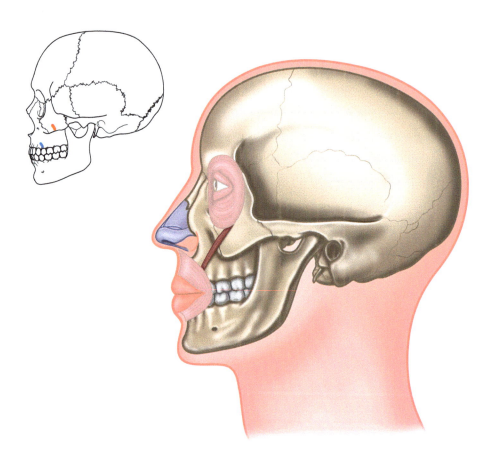

希腊语：zygoma，栏、闩。拉丁语：minor，较小的。

起点

颧骨下表面。

止点

上唇外部，提上唇肌外侧。

作用

提升上唇。形成鼻唇沟。

神经

面神经（Ⅶ）（颊支）。

基本功能动作

促进面部表情。

降下唇肌（Depressor Labii Inferioris）

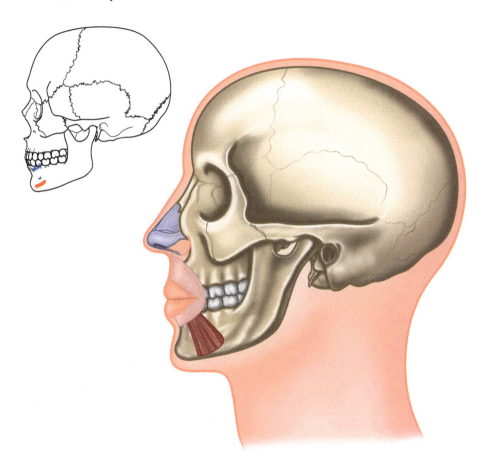

拉丁语：deprimere，向下按压；labii，唇的；inferioris，下面的。

起点

下颌骨前表面，位于颏孔与骨联合之间。

止点

下唇皮肤。

作用

向下并轻微向外牵拉下唇。

神经

面神经（Ⅶ）（下颌缘支）。

基本功能动作

促进面部表情。

降口角肌（Depressor Anguli Oris）

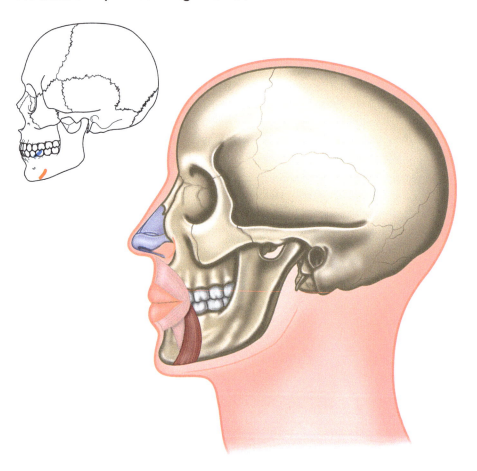

拉丁语：deprimere，按压；anguli，角的；oris，口的。

肌纤维与颈阔肌相连续。

起点

下颌骨斜线。

止点

口角。

作用

向下牵拉嘴角，就像悲伤或皱眉时那样。

神经

面神经（Ⅶ）（下颌缘支和颊支）。

颏肌（Mentalis）

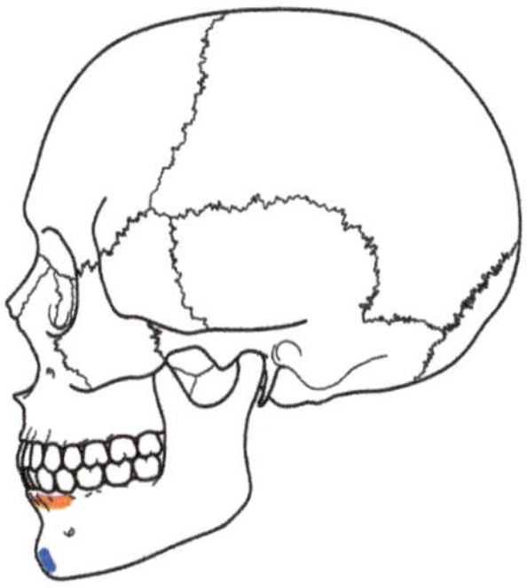

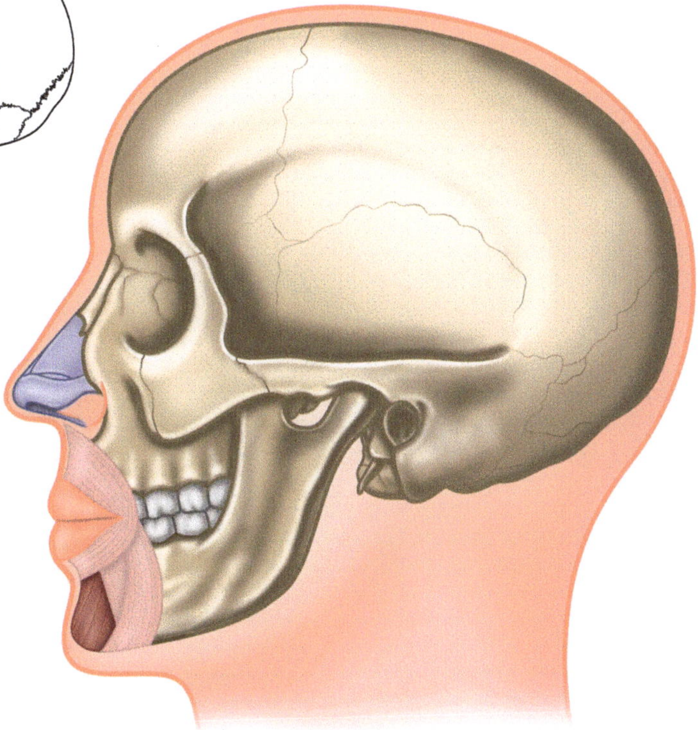

拉丁语：mentum，颏。

颏肌是唯一一块与口轮匝肌无关联的唇部肌肉。

起点

下颌骨前表面的切牙窝。

止点

颏部皮肤。

作用

前突下唇，向上牵拉（皱起）颏部皮肤，就像噘嘴时那样。

神经

面神经（Ⅶ）（下颌缘支）。

笑肌（Risorius）

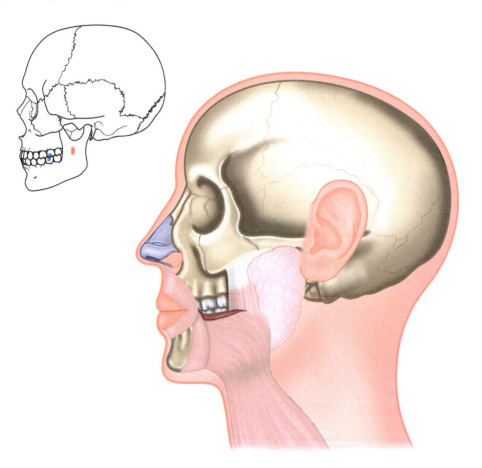

拉丁语：risus，笑。

此肌肉常与颈阔肌融合。

起点

咬肌和腮腺（唾液腺）上的筋膜（即侧颊筋膜）。

止点

口角皮肤。

作用

向外牵拉口角，就像紧张或露齿微笑时那样。

神经

面神经（Ⅶ）（颊支）。

颈阔肌（Platysma）

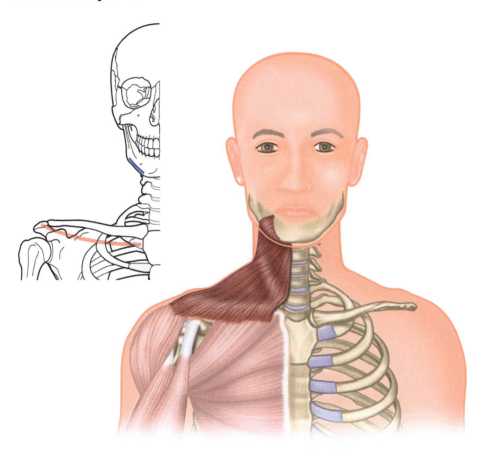

希腊语：platys，宽广的，平坦的。

跑步者在完成激烈竞赛后，该肌肉突出。

起点

胸部上四分之一浅筋膜（即覆盖在胸大肌和三角肌上的筋膜）。

止点

颈部和颌部的浅筋膜和肌群。下颌骨下缘。

作用

从口角向下和向外牵拉嘴唇。向上牵拉胸部皮肤。

神经

面神经（Ⅶ）（颈支）。

基本功能动作

产生震惊或受惊的表情。

颊肌（Buccinator）

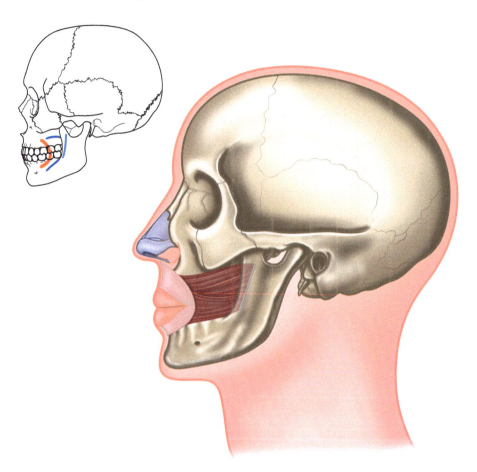

拉丁语：bucca，颊。

起点

在磨牙之上和沿着翼突下颌缝（自翼钩延伸至下颌骨的纤维带）的上颌骨和下颌骨的牙槽突。

止点

口轮匝肌（唇部肌群）。

作用

压迫面颊，就像从口中吹气时那样。使面颊凹陷，产生吸吮动作。

神经

面神经（Ⅶ）（颊支）。

咀嚼肌群

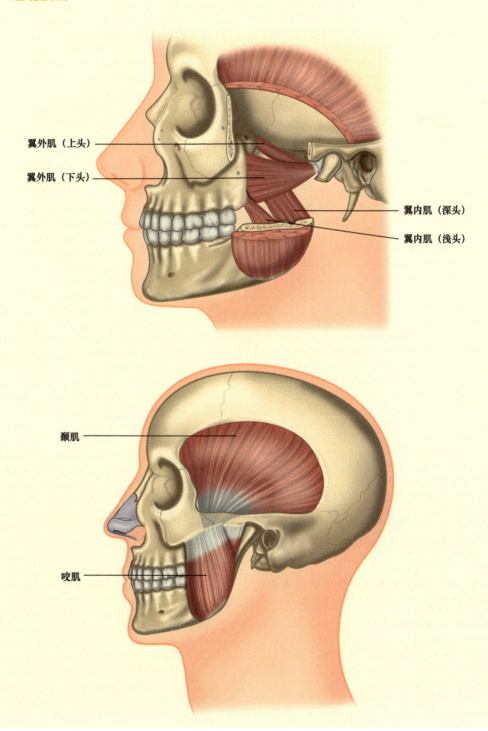

翼外肌（上头）

翼外肌（下头）

翼内肌（深头）

翼内肌（浅头）

颞肌

咬肌

咬肌（Masseter）

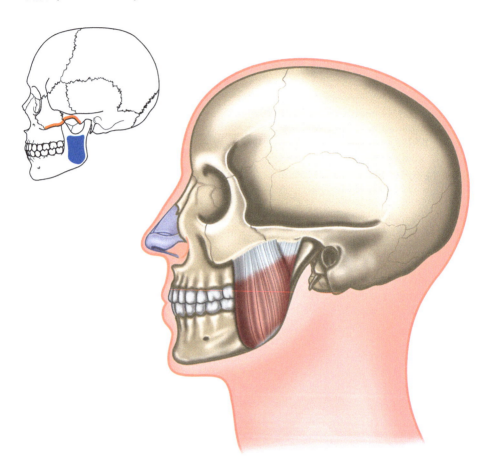

希腊语：maseter，咀嚼器。

该肌肉是位于最浅层的咀嚼肌，用力咬牙时很易感受到该肌肉。

起点

上颌骨的颧突，颧弓的内表面和下表面。

止点

下颌支。下颌骨冠突。

作用

闭合颌部。用力咬牙。辅助下颌骨左右运动。

神经

三叉神经（Ⅴ）（下颌分支）。

基本功能动作

咀嚼食物。

颞肌（Temporalis）

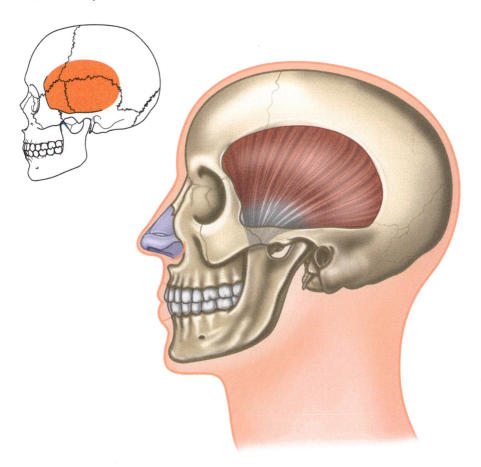

拉丁语：temporalis，与头侧有关的。

颞肌是一块扇形的宽大肌肉，覆盖颞骨的大部分。

起点

颞窝，包括顶骨、颞骨和额骨。颞筋膜。

止点

下颌骨冠突。下颌支前缘。

作用

闭合颌部。用力咬牙。辅助下颌骨左右运动。

神经

源自三叉神经（**V**）（下颌分支）的前、后颞深神经。

基本功能动作

咀嚼食物。

翼外肌（Lateral Pterygoid）

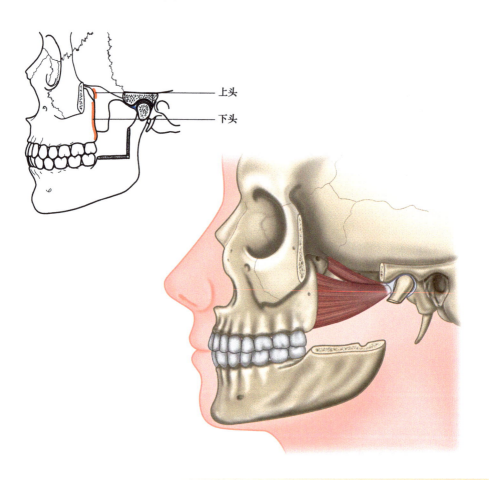

上头

下头

希腊语：pterygoeides，翼状的；
拉丁语：lateralis，与侧面有关的。

起点

上头：蝶骨大翼外表面。

下头：蝶骨翼突外侧板外表面。

插入

上头：颞下颌关节囊和关节盘。

下头：下颌颈。

作用

前突下颌骨。张口。使下颌骨从一侧移动到另一侧（就像咀嚼时那样）。

神经

三叉神经（V）（下颌支）。

基本功能动作

咀嚼食物。

翼内肌（Medial Pterygoid）

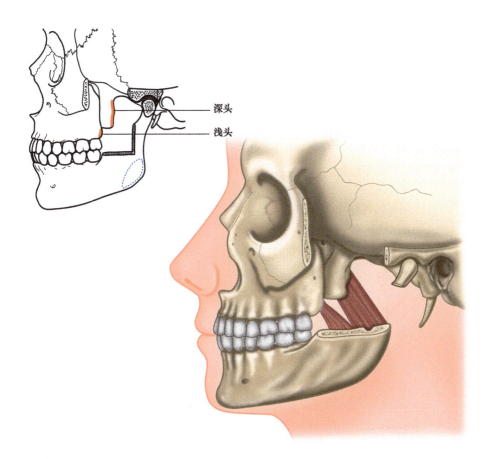

深头
浅头

希腊语：pterygoeides，翼状的。拉丁语：medialis，与中间有关的。

该肌肉在位置和动作上都与咬肌相对，下颌支位于其和咬肌之间。

起点

深头：蝶骨翼突外侧板内表面，腭骨锥突。

浅头：上颌结节和腭骨锥突。

止点

下颌角和下颌支内表面。

作用

提升并前突下颌骨。闭合颌部。辅助下颌骨左右运动，就像咀嚼时那样。

神经

三叉神经（V）（下颌分支）。

基本功能动作

咀嚼食物。

4 颈部肌群

舌骨肌与附着在一起的**二腹肌**帮助舌骨定位。舌骨是体内唯一一块与体内其他骨头不相似的骨头。这些肌肉以及处于特定位置的舌骨对于讲话至关重要，为舌头提供适宜的张力支撑，并在说话或吞咽时移动喉部。舌骨肌群附着在下颌骨、颞骨、胸骨柄、锁骨、第一肋骨和甲状软骨上。

椎前肌群为一小组肌群，其附着在颈椎体和颈椎横突以及胸椎上部区域。**颈长肌**位于上颈椎和胸椎前外侧，包括3个特定部分（上斜肌、下斜肌和垂直肌）；它们起自第三、第四和第五颈椎的横突，前两个颈椎的前面以及前三个胸椎的前表面，止于寰椎前结节和C5、C6的横突前结节。**头长肌**起自第三、第四、第五和第六颈椎横突的前结节，止于枕骨基底部的下表面。该肌肉使颈部伸展时减速。头前直肌和头外侧直肌使头部在伸展和向对侧屈曲时减速，这是因为**头前直肌**源自寰椎外侧块前表面，而**头外侧直肌**源自寰椎横突。这两块肌肉分别止于枕骨基底部（前部）和枕骨颈静脉突（外侧）。

椎侧肌群包括斜角肌群（前斜角肌、中斜角肌和后斜角肌）和胸锁乳突肌。**斜角肌**群起自颈椎横突，止于第一肋骨和（或）胸膜上。其后部附着于前两根肋骨。如果肋骨固定，这些肌肉提升肋骨以进行呼吸，并向肌肉收缩相反的一侧旋转，然后向外屈曲至收缩的一侧。两侧肌群收缩使颈部屈曲。**胸锁乳突肌**（SCM）起自胸骨柄和锁骨中部（两个头），止于颞骨乳突。该肌肉在头部定位中起重要作用：肌肉收缩导致头部向正在收缩的对侧旋转，并向收缩侧弯曲。两侧肌肉收缩使颈椎（颈部）屈曲。

舌骨肌群

　　舌骨肌群主要参与稳定或移动舌骨，故也与附于其上的舌和喉头相连。舌骨上肌群位于舌骨上方，包括下颌舌骨肌、颏舌骨肌、茎突舌骨肌和二腹肌。舌骨下肌群位于舌骨下方，包括胸骨舌骨肌、胸骨甲状肌、甲状舌骨肌和肩胛舌骨肌。

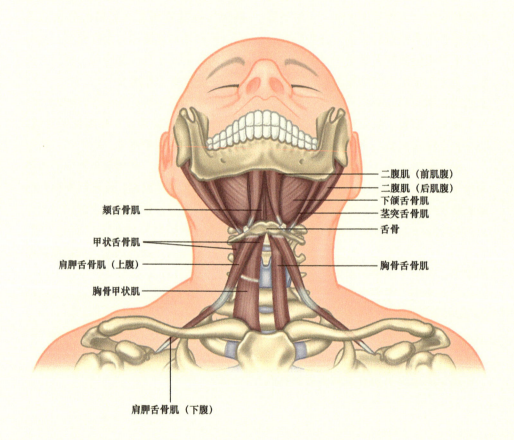

颏舌骨肌

甲状舌骨肌

肩胛舌骨肌（上腹）

胸骨甲状肌

二腹肌（前肌腹）

二腹肌（后肌腹）

下颌舌骨肌

茎突舌骨肌

舌骨

胸骨舌骨肌

肩胛舌骨肌（下腹）

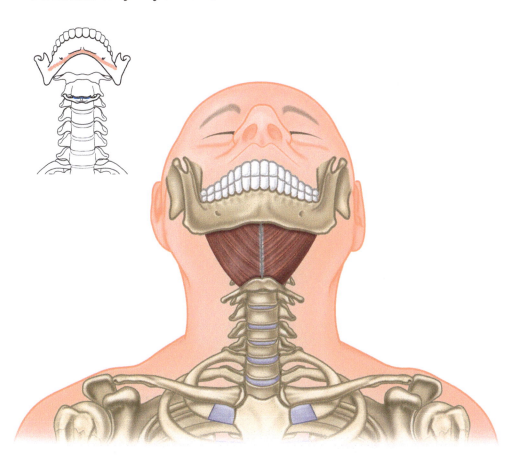

下颌舌骨肌（Mylohyoideus）

希腊语：mylos，磨石，白齿；hyoeides，像希腊字母 υ 状的。

下颌舌骨肌纤维形成悬带或隔膜，支撑口腔底部。

起点

位于下颌骨内表面的下颌舌骨线。

止点

舌骨体。

作用

吞咽时提升口腔底部，提升舌骨，辅助舌头向上、向后顶住上颚。

神经

来自下牙槽神经的下颌舌骨神经，此为三叉神经（Ⅴ）的一个分支（下颌支）。

基本功能动作

吞咽。

颏舌骨肌（Geniohyoideus）

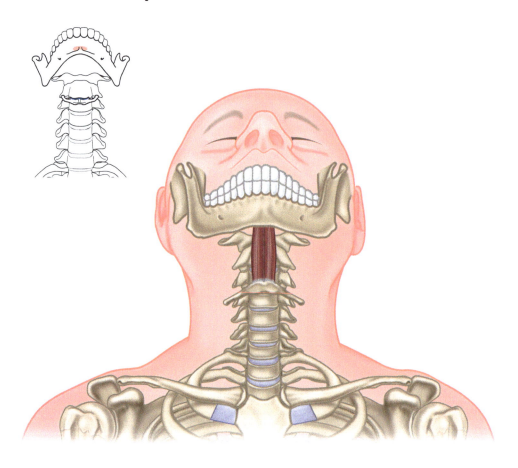

希腊语：geneion，颏；hyoeides，像希腊字母 υ 状的。

起点
下颌骨内侧面颏棘下部。

止点
舌骨体。

作用
使舌骨伸出和提升，扩展咽部，以容纳食物。如果舌骨固定，则协助下颌骨缩回和下压。

神经
舌下神经（XII）输送的颈神经 C1 神经纤维。

茎突舌骨肌（Stylohyoideus）

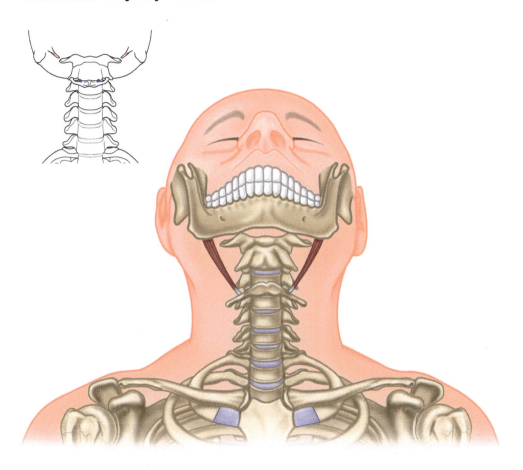

拉丁语：stilus，桩，栅栏。希腊语：hyoeides，像希腊字母 υ 状的。

起点
颞骨茎突后缘。

止点
舌骨（分裂后围绕二腹肌中间腱）。

作用
向上、向后牵拉舌骨，使舌头提升。

神经
面神经（Ⅶ）（下颌支）。

二腹肌（Digastricus）

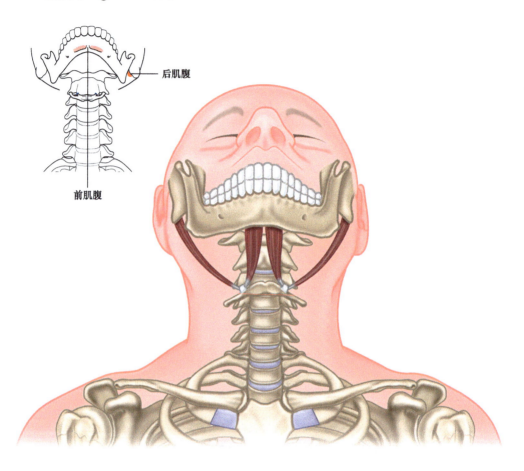

后肌腹

前肌腹

拉丁语：digastricus，有 2 个肌腹。

二腹肌由前肌腹和后肌腹两部分构成，两者由一个中间腱连接。

起点

前肌腹：下颌骨内侧下缘的二腹肌窝，近联合处。

后肌腹：颞骨乳突切迹。

止点

舌骨体（通过中间腱筋膜悬带）。

作用

提升舌骨，像张口一样，下压并缩回下颌骨。

神经

前肌腹：来自三叉神经（V）的下颌舌骨肌神经（下颌支）。

后肌腹：面神经（VII）（二腹肌支）。

胸骨舌骨肌（Sternohyoideus）

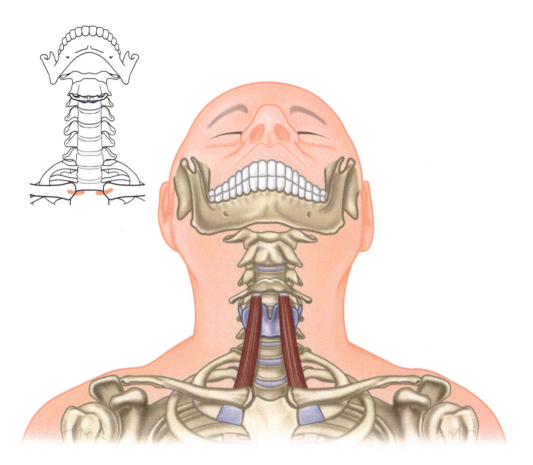

希腊语：sternon，胸；hyoeides，像希腊字母 υ 状的。

起点

胸骨柄后表面，锁骨内侧端。

止点

舌骨下缘（肩胛舌骨肌止点位置内侧）。

作用

下压舌骨，当其他肌肉对舌骨施力时起稳定舌骨的作用。

神经

颈袢神经 C1、C2、C3。

胸骨甲状肌（Sternothyroideus）

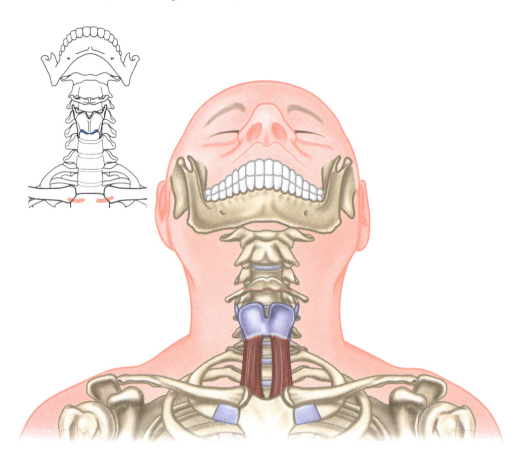

希腊语：sternon，胸；thyreos，矩形盾。

位于胸骨舌骨肌深层。

起点

胸骨柄后表面，胸骨舌骨肌起点下方，第一肋软骨。

止点

甲状软骨外表面斜线。

作用

牵拉甲状软骨远离舌骨，打开喉口。

神经

颈袢神经 C1、C2、C3。

甲状舌骨肌（Thyrohyoideus）

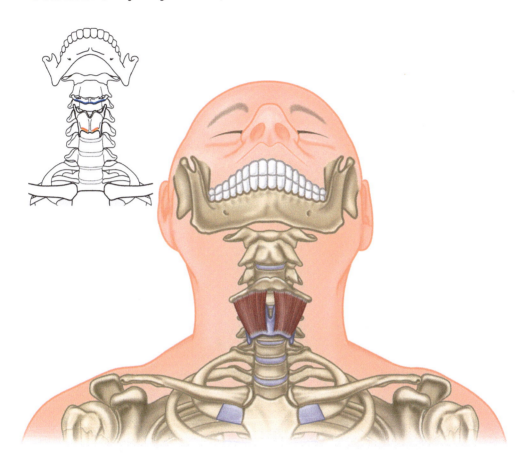

希腊语：thyreos，矩形盾；hyoeides，像希腊字母 υ 状的。

此肌肉呈短带状。

起点

甲状软骨外表面斜线。

止点

舌骨大角下缘。

作用

提升甲状软骨，下压舌骨，闭合喉口，防止吞咽过程中食物进入喉。

神经

颈袢神经 C1、C2，通过舌下神经（XII）降支。

肩胛舌骨肌（Omohyoideus）

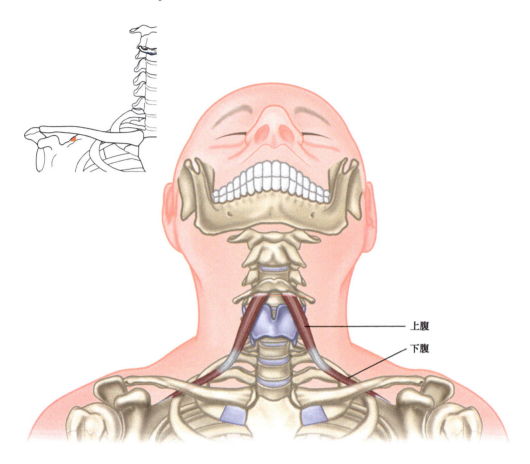

上腹

下腹

希腊语：omos，肩膀；hyoeides，像希腊字母 υ 状的。

起点

下腹：肩胛骨上缘，肩胛切迹内侧。上横韧带。

上腹：中间腱。

止点

下腹：中间腱。

上腹：舌骨下缘，胸骨舌骨肌止点外侧。

注意：中间腱通过颈筋膜向下连接至锁骨和第一肋骨。

运动

下压舌骨。

神经

颈袢神经 C2、C3。

椎前肌群

椎前肌群是一小组肌群，其附着在颈椎体和颈椎横突以及胸椎上部区域。

等长向前颈部锻炼

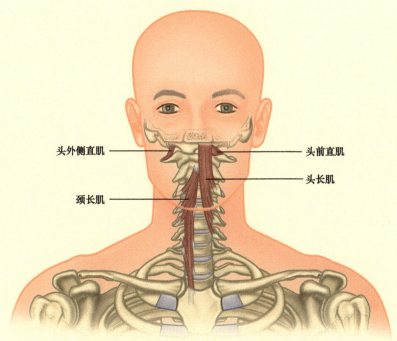

头外侧直肌 ——————— 头前直肌

头长肌

颈长肌 ———————

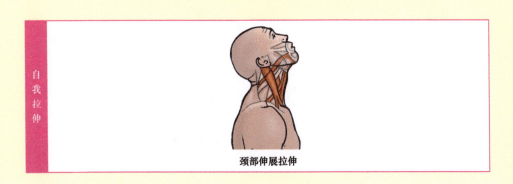

颈部伸展拉伸

颈长肌（Longus Colli）

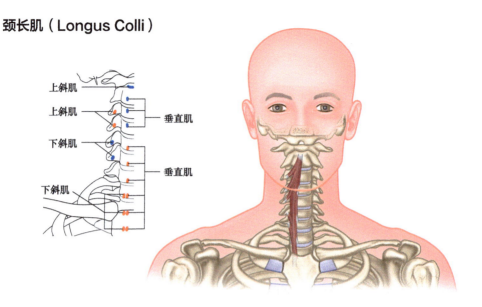

拉丁语：longus，长的；colli，颈的。

颈长肌可分为3个部分：上斜肌、下斜肌和垂直肌，是椎前肌群中最大的一块肌肉。

上斜肌

起点

第三、第四和第五颈椎的横突（C3～C5）。

止点

寰椎前弓。

作用

使颈椎屈曲。

神经

颈神经C2～C7腹支。

基本功能动作

使颈部平滑而稳定地屈曲。

下斜肌

起点

前2～3个胸椎体的前表面。

止点

第五和第六颈椎横突（C5～C6）。

作用

使颈椎屈曲。

神经

颈神经C2～C7腹支。

基本功能动作

使颈部平滑而稳定地屈曲。

垂直肌

起点

上3个胸椎体和下3个颈椎体的前表面。

止点

第五和第六颈椎横突（C5～C6）。

作用

使颈椎屈曲。

神经

颈神经C2～C7腹支。

基本功能动作

使颈部平滑而稳定地屈曲。

头长肌（Longus Capitis）

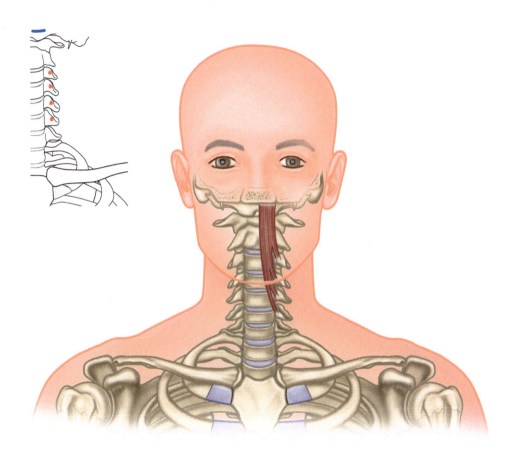

拉丁语：longus，长的；capitis，头的。

头长肌位于颈长肌上斜纤维的前面。

起点
第三至第六颈椎横突（C3～C6）。

止点
枕骨大孔前部的枕骨。

作用
使头部和上部颈椎屈曲。

神经
颈神经 C1～C3、（C4）腹支。

基本功能动作
使头部平滑而稳定的屈曲（点头）。

头前直肌（Rectus Capitis Anterior）

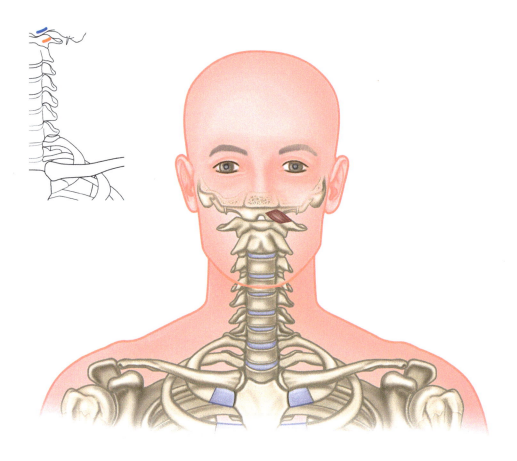

拉丁语：rectus，直的；capitis，头部的；anterior，在前部的。

起点

寰椎外侧块前表面。

止点

枕髁前部的枕骨基底部（即枕髁与头长肌之间）。

作用

使颈部屈曲，在运动中保持寰枕关节的关节面密切接触。

神经

颈神经 C1、C2 腹支之间的环。

基本功能动作

使头部平滑而稳定地屈曲（点头）。

头外侧直肌（Rectus Capitis Lateralis）

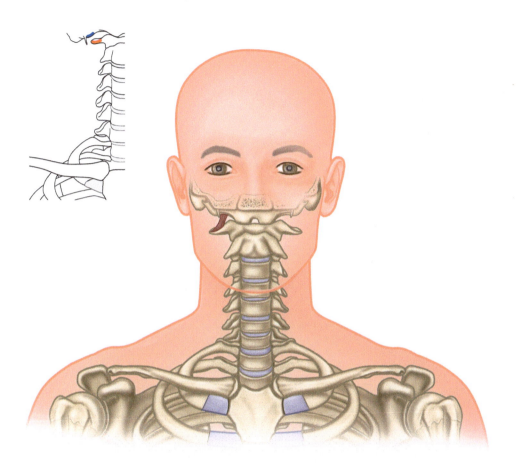

拉丁语：rectus，直的；capitis，头部的；lateralis，与侧面有关的。

起点

寰椎横突。

止点

枕骨颈静脉突。

作用

使头部向同侧倾斜，稳定寰枕关节。

神经

颈神经 C1、C2 腹支之间的环。

椎外肌群

颈部的椎外肌群包括斜角肌群（自颈椎横突下行至肋骨）和胸锁乳突肌。

强化

交叉卷腹   等长横向颈部锻炼   扭转卷腹

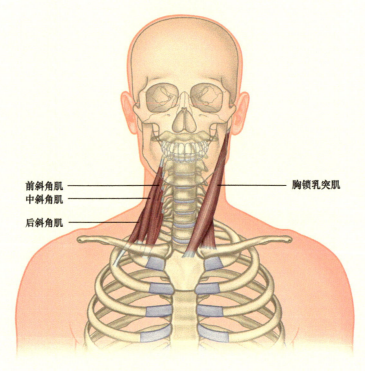

前斜角肌
中斜角肌
后斜角肌

胸锁乳突肌

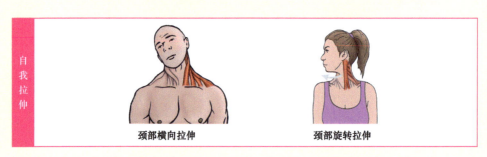

自我拉伸

颈部横向拉伸   颈部旋转拉伸

前斜角肌（Scalenus Anterior）

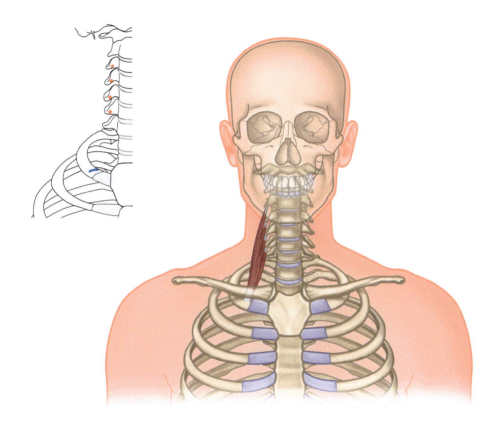

希腊语：skalenos，不平均的；拉丁语：anterior，在前部的。

起点
第三至第六颈椎横突（C3～C6）。

止点
第一肋骨内侧的前斜角肌结节。

作用
双侧收缩：屈曲颈部；在主动吸气过程中提升第一肋骨。

单侧收缩：侧屈和旋转颈部。

神经
颈神经 C5～C7 腹支。

基本功能动作
吸气（是主要的吸气肌）。

主要使用此肌肉的运动
需要用力呼吸的所有运动（例如，高速跑）。

肌肉长期紧张（缩短）时的常见问题
肌肉过度紧张，压迫臂丛神经束以及锁骨下动脉，导致颈部、肩部和手臂疼痛。

中斜角肌（Scalenus Medius）

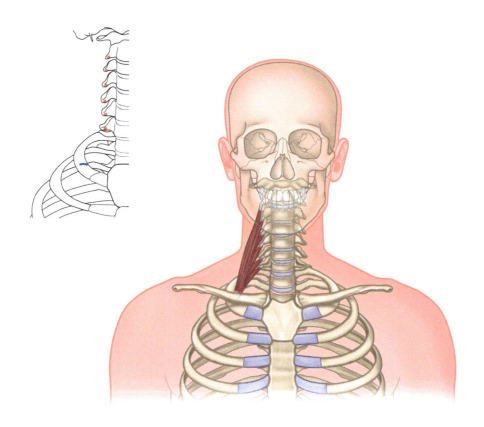

希腊语：skalenos，不均匀的；拉丁语：medius，中间的。

起点

下 6 个颈椎（C2 ～ C7）横突的后结节。

止点

第一肋骨上表面，锁骨下动脉沟之后。

作用

双侧收缩：屈曲颈部；在主动吸气过程中提升第一肋骨。

单侧收缩：侧屈和旋转颈部。

神经

颈神经 C3 ～ C8 腹支。

基本功能动作

吸气（是主要的吸气肌）。

主要使用此肌肉的运动

需要用力呼吸的所有运动（例如，高速跑）。

肌肉长期紧张（缩短）时的常见问题

肌肉过度紧张，压迫臂丛神经束以及锁骨下的动脉，导致颈部、肩部和手臂疼痛。

后斜角肌（Scalenus Posterior）

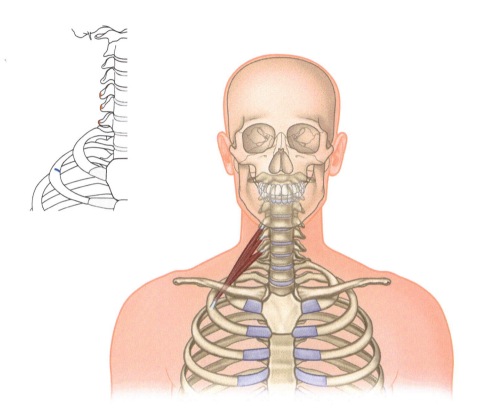

希腊语：skalenos，不平均的；拉丁语：posterior，在后面的。

起点
下2个或3个颈椎（C5～C7）横突后结节。

止点
第二肋骨外表面。

作用
双侧收缩：屈曲颈部；在主动吸气过程中提升第二肋骨。

单侧收缩：侧屈和旋转颈部。

神经
颈神经C7、C8腹支。

基本功能动作
吸气（是主要的吸气肌）。

主要使用此肌肉的运动
需要用力呼吸的所有运动（例如，高速跑）。

肌肉长期紧张（缩短）时的常见问题
肌肉过度紧张，压迫臂丛神经束以及锁骨下动脉，导致颈部、肩部和手臂疼痛。

胸锁乳突肌（Sternocleidomastoideus）

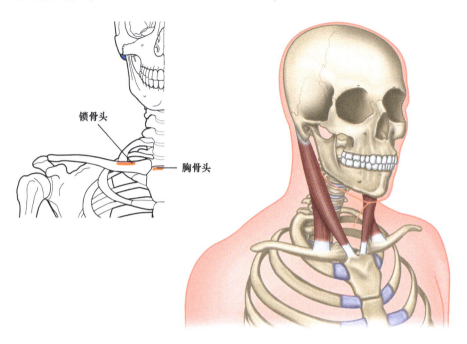

锁骨头

胸骨头

希腊语：sternon，胸；kleis，钥匙；mastoeides，乳状的。

该肌肉为长条形肌肉，有2个头。有时在出生过程中受伤，可能部分被纤维组织代替，导致其收缩出现斜颈（歪脖子）。

起点

胸骨头：胸骨柄前表面。

锁骨头：锁骨内侧三分之一的上表面。

止点

颞骨乳突外表面，枕骨上项线外三分之一。

作用

双侧收缩：向前牵拉头部，像从枕头上抬起头部一样屈曲颈部；在深吸气过程中，提升胸骨，因此也使肋骨向上提升。

单侧收缩：使头部向同侧倾斜；使头部向对侧旋转（同时也向上）。

神经

副神经（Ⅺ）和来自颈神经C2和C3的本体感觉神经。

基本功能动作

示例：转头看肩，从枕头上抬起头部。

主要使用此肌肉的运动

例子：游泳、橄榄球争球、美式橄榄球。

可能伤害此肌肉的动作或损伤

极端挥鞭动作。

肌肉长期紧张（缩短）时的常见问题

头痛和颈痛。

躯干肌群

脊柱周围肌群及位于背部更广区域的肌群主要负责稳定脊柱，保持背部处于竖直姿态。背部和躯干两侧肌群使上半身和脊柱屈曲、侧屈、伸展、过度伸展和旋转。

竖脊肌，也叫骶棘肌，包括3组平行排列的肌群，自外侧向内侧分别为：髂肋肌、最长肌和棘肌。**髂肋肌**是竖脊肌的最外侧部分，可再分为腰部、胸部和颈部。**最长肌**是竖脊肌的中间部分，可再分为胸区、颈区和头区。**棘肌**是竖脊肌的最内侧部分，可再分为胸部、颈部和头部。

棘横肌（又叫横突棘肌）由3组位于竖脊肌深层的小肌群构成，然而这些肌群与竖脊肌不同，不是并排而是连续地自浅表向深层排列。自浅表至深层，这些肌群分别为半棘肌、多裂肌和回旋肌。它们的肌纤维自横突向上和内侧延伸至更高的棘突。**半棘肌**可再分为胸区、颈区和头区。**多裂肌**处在半棘肌和竖脊肌深层。**回旋肌**位于棘横肌群中最深的一层。

棘间肌位于棘间韧带两侧，短且较小。与棘间肌一样，**横突间肌**也短且较小；颈区和胸区包括横突间前肌和后肌，腰区包括横突间外侧肌和内侧肌。

肋间外肌可与覆盖于上的肋间外斜肌纤维相互交叠，实际上形成一片连续的肌肉，肋间外肌纤维止于肋间。**肋间内肌**位于肋间外肌深层，斜行穿过。胸廓每侧各有11条肋间外肌和11条肋间内肌。

有趣的是，纤维心包与**膈肌**中间腱相连，又与腰大肌直接相连，而腰大肌附着于脊柱和下肢（小转子）。膈肌不仅与腹斜肌共同附着于肋骨，还附着于胸骨或剑突，揭示了其与腹直肌筋膜的连续性。尽管多数教科书将腰大肌描述成髋屈肌，但值得考虑其在呼吸和稳定脊柱方面的作用。腹斜肌对呼吸功能也具有直接作用。尽管肌肉可能具有解剖上的个体性，但几乎不具有功能上的个体性。膈肌虽然在呼吸功能上是一种重要结构，但对肌肉功能进行划分则忽视了其间的协同关系；而一旦协同关系方面的问题得到解决，整体运动和呼吸功能会得以改善。

腹前壁肌位于肋骨和骨盆之间，包围其中的各种器官，产生运动（主要是屈曲和旋转腰椎），并支撑躯干和后背。腹前壁肌有3层，肌纤维的方向与胸壁内相应的3层肌肉方向相同。最深层由**腹横肌**构成，其肌纤维近似水平。腹横肌围绕躯干，附着于胸腰筋膜（一层厚的结缔组织鞘，当连接到它的肌肉处于紧张状态时，有助于稳定躯干和骨盆）。中层为**腹内斜肌**，最外层为**腹外斜肌**，两者形成十字交叉。**腹直肌**，覆盖于这3层肌肉之上，垂直于腹中线并位于其两侧，强健的运动员腹部出现的明显的"6块或8块腹肌"与此有关。腹直肌在躯干屈曲时起主动作用。腹直肌与其他腹肌一样，也具备稳定肌的作用，还能限制腰椎的过度伸展。

腰方肌纤维以交错方式自第十二肋骨和前4节腰椎行走至髂骨和髂腰韧带。其作用是使躯干侧弯，并抵抗躯干被牵拉向一侧，尽管这有待进一步研究确定。

腰大肌连接**髂肌**，向下穿行，两者总称为**髂腰肌**。这些肌肉同时对腹部内脏起缓冲垫的作用，并使腹部肌肉成为髋关节的主要屈肌及下背部的稳定肌。腰大肌之于膈肌相当于臀大肌之于背阔肌。注意，腰大肌的上部纤维可通过长腱止于髂耻隆起，形成**腰小肌**，约40%的人无此肌肉。两侧腰大肌收缩使腰椎前凸增加。

椎骨后肌群

　　椎骨后肌群位于背部最深处，在脊柱上纵向排列。它们在保持体姿、促进脊柱运动方面具有重要作用。该组肌群中较浅表肌群的肌纤维的起点和止点之间有相当长的距离，而最深处肌群的肌纤维的起止点位于一个椎骨和下一个椎骨之间。竖脊肌，又称为骶棘肌，包括3组平行排列的柱状肌群：髂肋肌、最长肌和棘肌（自外向内）。

| 强化 | 背部伸展 | 下固定俯卧挺身保持 | 瑞士球背部伸展 |

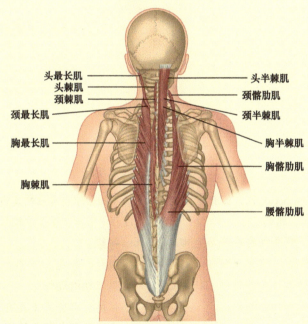

头最长肌　　　　　　　　　　头半棘肌
头棘肌　　　　　　　　　　　颈髂肋肌
颈棘肌　　　　　　　　　　　颈半棘肌
颈最长肌　　　　　　　　　　
胸最长肌　　　　　　　　　　胸半棘肌
　　　　　　　　　　　　　　胸髂肋肌
胸棘肌　　　　　　　　　　　
　　　　　　　　　　　　　　腰髂肋肌

| 自我拉伸 | 跪姿触地拉伸 | 弓背拉伸 |

腰髂肋肌（Iliocostalis Lumborum）

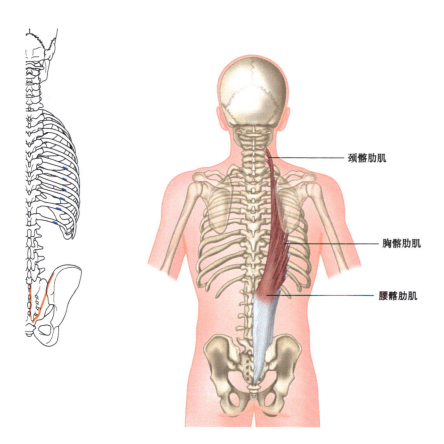

颈髂肋肌

胸髂肋肌

腰髂肋肌

拉丁语：iliocostalis，自髂骨至肋骨；lumborum，腰的。

髂肋肌是竖脊肌的最外层，可再进一步分成腰部、胸部和颈部。髂肋肌作为一个整体，受脊神经 C4～S5 背支的支配。

起点

骶外侧嵴和内侧嵴。髂嵴内侧部。

止点

下 6 根肋骨角。

作用

使脊柱伸展和侧屈。在站立和坐姿体位下辅助维持脊柱的正常曲度。在行走过程中保持脊柱在骨盆上的稳定性。

神经

腰神经背支。

基本功能动作

保持背部竖直（具有正确曲度）。

主要使用此肌肉的运动

所有运动，特别是游泳、体操和摔跤。

可能伤害此肌肉的动作或损伤

提起重物时未屈膝或保持背部竖直。拿取重物时重物离身体过远。

胸髂肋肌（Iliocostalis Thoracis）

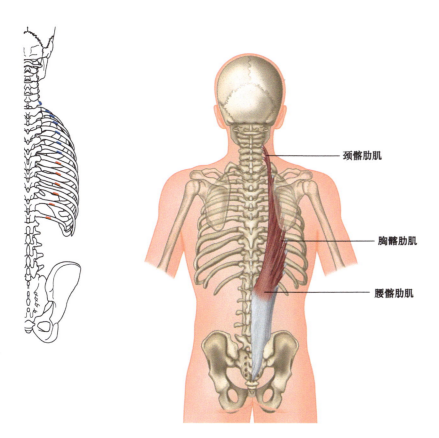

颈髂肋肌

胸髂肋肌

腰髂肋肌

拉丁语：iliocostalis，自髂骨至肋骨；thoracis，胸的。

起点

下6根肋骨角，腰髂肋肌内侧。

止点

上6根肋骨角和第七颈椎（C7）横突。

作用

使脊柱伸展和侧屈。在站立和坐姿体位下辅助维持脊柱的正常曲度。用力吸气时旋转肋骨。

神经

胸神经背支。

基本功能动作

保持背部竖直（具有正确曲度）。

主要使用此肌肉的运动

所有运动，特别是游泳、体操和摔跤。

可能伤害此肌肉的动作或损伤

提起重物时未屈膝或保持背部竖直。拿取重物时重物离身体过远。

颈髂肋肌（Iliocostalis Cervicis）

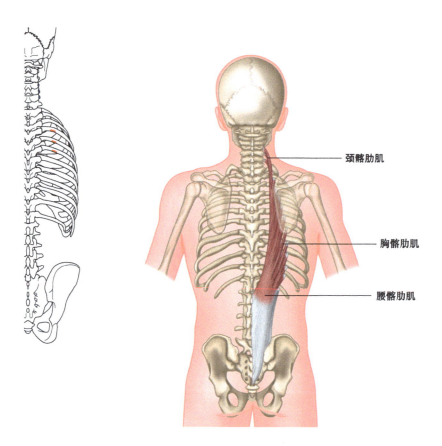

颈髂肋肌

胸髂肋肌

腰髂肋肌

拉丁语：iliocostalis，自髂骨至肋骨；cervicis，颈部。

起点

第三至第六肋骨角。

止点

第四、第五和第六颈椎（C4～C6）横突。

作用

使脊柱伸展和侧屈。在站立和坐姿体位下辅助维持脊柱的正常曲度。

神经

颈神经背支。

基本功能动作

保持背部竖直（具有正确曲度）。

主要使用此肌肉的运动

所有运动，特别是游泳、体操和摔跤。

可能伤害此肌肉的动作或损伤

提起重物时没有屈膝或保持背部竖直。拿取重物时重物离身体过远。

胸最长肌（Longissimus Thoracis）

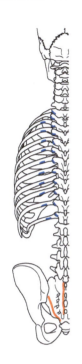

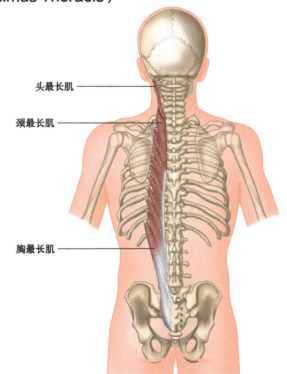

头最长肌

颈最长肌

胸最长肌

拉丁语：longissimus，最长的；thoracis，胸的。

最长肌是竖脊肌的中间部分，可再分为胸部、颈部和头部。总体而言，最长肌作为一个整体受脊神经C1～S1背支支配。

起点

骶外侧嵴和内侧嵴。所有腰椎（L1～L5）和第十一、第十二胸椎（T11～T12）的棘突和棘上韧带。髂嵴内侧部。

止点

所有胸椎（T1～T12）横突。下9或10根肋骨结节和肋骨角之间的部位。

作用

使脊柱伸展和侧屈。在站立和坐姿体位下辅助维持脊柱的正常曲度。用力吸气时旋转肋骨。在行走过程中保持脊柱在骨盆上的稳定性。

神经

腰神经和胸神经背支。

基本功能动作

保持背部竖直（具有正确曲度）。

主要使用此肌肉的运动

所有运动，特别是游泳、体操和摔跤。

可能伤害此肌肉的动作或损伤

提起重物时未屈膝或保持背部竖直。拿取重物时重物离身体过远。

颈最长肌（Longissimus Cervicis）

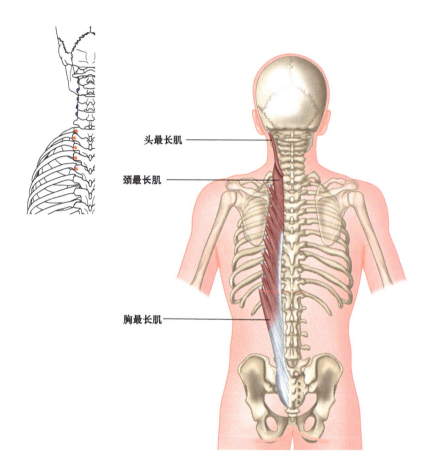

头最长肌

颈最长肌

胸最长肌

拉丁语：longissimus，最长的；cervicis，颈部的。

起点

上 4 或 5 个胸椎（T1 ～ T4 或 T1 ～ T5）横突。

止点

第二至第六颈椎（C2 ～ C6）横突。

作用

使脊柱伸展和侧屈。在站立和坐姿体位下辅助维持胸椎和颈椎的正确曲度。

神经

下颈神经和上胸神经背支。

基本功能动作

保持上背部和颈部竖直（具有正确曲度）。

主要使用此肌肉的运动

所有运动，特别是游泳、体操和摔跤。

可能伤害此肌肉的动作或损伤

提起重物时未屈膝或保持背部竖直。拿取重物时重物离身体过远。

头最长肌（Longissimus Capitis）

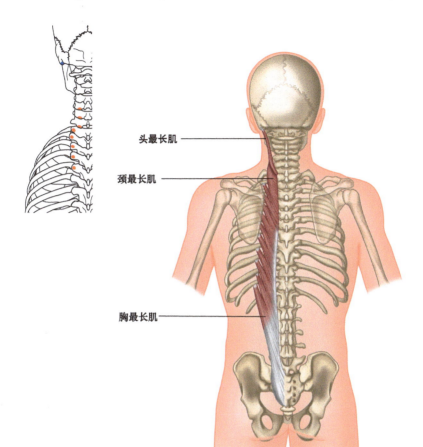

头最长肌

颈最长肌

胸最长肌

拉丁语：longissimus，最长的；capitis，头部的。

起点

上 5 个胸椎（T1～T5）横突。下 3 个颈椎（C5～C7）关节突。

止点

颞骨乳突后部。

作用

使颈椎伸展和旋转。在站立和坐姿体位下辅助维持胸椎和颈椎的正确曲度。

神经

中下颈神经背支。

基本功能动作

保持上背部竖直（具有正确曲度）。

主要使用此肌肉的运动

所有运动，特别是游泳、体操和摔跤。

可能伤害此肌肉的动作或损伤

提起重物时未屈膝或保持背部竖直。拿取重物时重物离身体过远。

胸棘肌（Spinalis Thoracis）

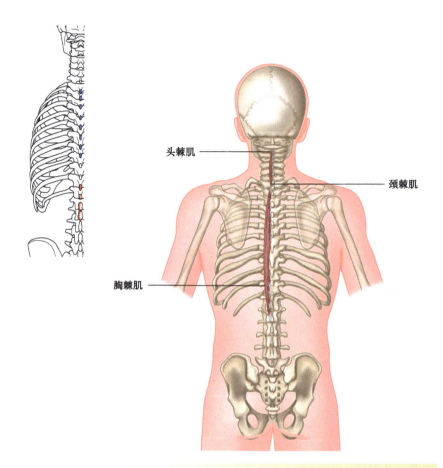

头棘肌

颈棘肌

胸棘肌

拉丁语：spinalis，与脊椎有关的；thoracis，胸的。

棘肌是竖脊肌最内侧的部分，可再分为胸部、颈部和头部。棘肌作为一个整体受脊神经（C2～L3）背支支配。

起点

下 2 个胸椎（T11～T12）和上 2 个腰椎（L1～L2）的棘突。

止点

上 8 个胸椎（T1～T8）棘突。

动作

伸展脊柱。在站立和坐姿体位下辅助维持胸椎和颈椎的正确曲度。

神经

脊神经背支。

基本功能动作

保持背部竖直（具有正确曲度）。

主要使用此肌肉的运动

所有运动，特别是游泳、体操和摔跤。

可能伤害此肌肉的动作或损伤

提起重物时未屈膝或保持背部竖直。拿取重物时重物离身体过远。

颈棘肌（Spinalis Cervicis）

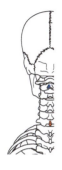

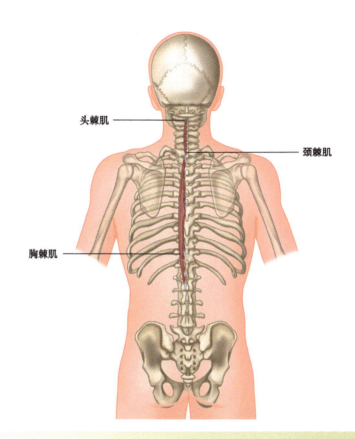

头棘肌

颈棘肌

胸棘肌

拉丁语：spinalis，与脊柱有关的；
cervicis，颈的。

起点
项韧带。第七颈椎（C7）棘突。

止点
枢椎棘突。

作用
伸展脊柱。在站立和坐姿体位下辅助维持胸椎和颈椎的正确曲度。

神经
颈神经背支。

基本功能动作
保持颈部竖直（具有正确曲度）。

主要使用此肌肉的运动
所有运动，特别是游泳、体操和摔跤。

可能伤害此肌肉的动作或损伤
提起重物时未屈膝或保持背部竖直。拿取重物时重物离身体过远。

头棘肌（Spinalis Capitis）

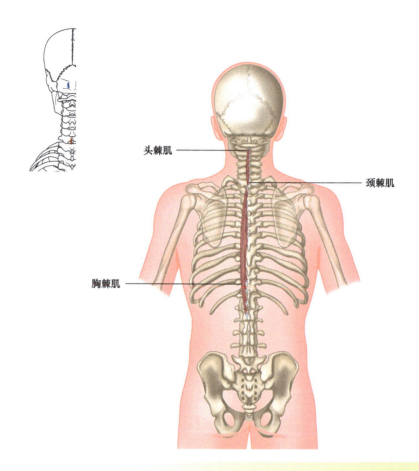

头棘肌

颈棘肌

胸棘肌

拉丁语：spinalis，与脊柱有关的；
capitis，头的。

头半棘肌内侧部。

起点
第七颈椎（C7）棘突外侧面。

止点
项线中部，上下项线之间。

动作
伸展头部和椎骨。

神经
颈神经（C1～C3）背支。

主要使用此肌肉的运动
橄榄球、美式足球、摔跤和游泳。

可能伤害此肌肉的动作或损伤
挥鞭伤。

肌肉长期紧张（缩短）时的常见问题
头痛和颈痛。

头夹肌（Splenius Capitis）

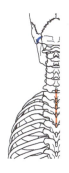

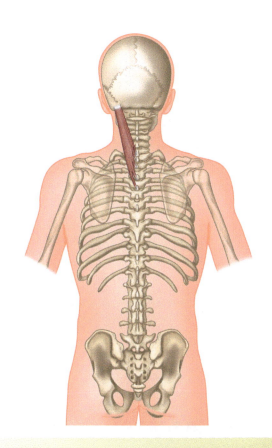

希腊语：splenion，绷带；拉丁语：capitis，头的。

起点

项韧带下部。第七颈椎（C7）和上3或4个胸椎（T1～T3或T1～T4）的棘突。

止点

颞骨乳突后部。上项线外侧部，胸锁乳突肌附着点的深层。

作用

双侧动作：伸展头部和颈部。

单侧动作：侧屈颈部；肌肉收缩时，向同侧旋转头部。

神经

中下颈神经背支。

基本功能动作

向上看或转头向后看。

主要使用此肌肉的运动

橄榄球、美式足球、摔跤和游泳。

可能伤害此肌肉的动作或损伤

挥鞭伤。

肌肉长期紧张（缩短）时的常见问题

头痛和颈痛。

颈夹肌（Splenius Cervicis）

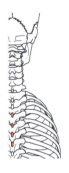
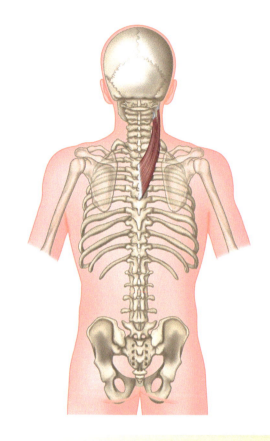

希腊语：splenion，绷带；拉丁语：cervicis，颈部的。

起点

第三至第六胸椎（T3～T6）棘突。

止点

上 2 或 3 个颈椎（C1～C2 或 C1～C3）横突后结节。

作用

双侧动作：伸展头部和颈部。

单侧动作：侧屈颈部；肌肉收缩时，向同侧旋转头部。

神经

中下颈神经背支。

基本功能运动

向上看或转头向后看。

主要使用此肌肉的运动

橄榄球、美式足球、摔跤和游泳。

可能伤害此肌肉的动作或损伤

挥鞭伤。

肌肉长期紧张（缩短）时的常见问题

头痛和颈痛。

棘横肌

棘横肌又叫横突棘肌，由位于竖脊肌深层的3组小肌群构成；其与竖脊肌不同，3组由深层向浅表连续排列，而非并列。这些肌肉由浅表至深层分别为半棘肌、多裂肌和回旋肌，其肌纤维一般自横突向上、向内延伸至较高的棘突。

强化

背部伸展　　　　下固定俯卧挺身保持　　　　瑞士球背部伸展

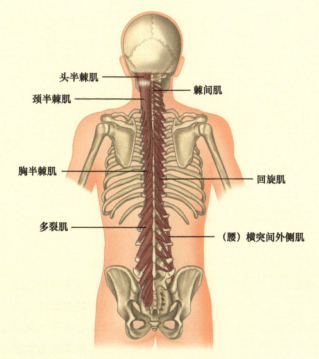

头半棘肌
颈半棘肌
棘间肌
胸半棘肌
回旋肌
多裂肌
（腰）横突间外侧肌

自我拉伸

跪姿触地拉伸　　　　弓背拉伸

胸半棘肌（Semispinalis Thoracis）

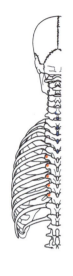

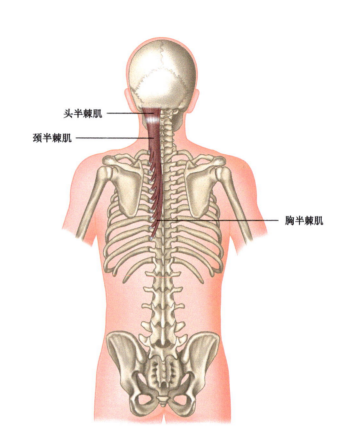

头半棘肌

颈半棘肌

胸半棘肌

拉丁语：semispinalis，半脊柱的；thoracis，胸的。

起点

第六至第十胸椎（T6～T10）横突。

止点

下 2 个颈椎（C6～C7）和上 4 个胸椎（T1～T4）的棘突。

动作

伸展胸椎和颈椎。辅助旋转胸椎和颈椎。

神经

胸、颈脊神经背支。

基本功能动作

向上看或转头向后看。

主要使用此肌肉的运动

橄榄球、美式足球、摔跤和游泳。

可能伤害此肌肉的动作或损伤

挥鞭伤。

颈半棘肌（Semispinalis Cervicis）

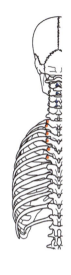

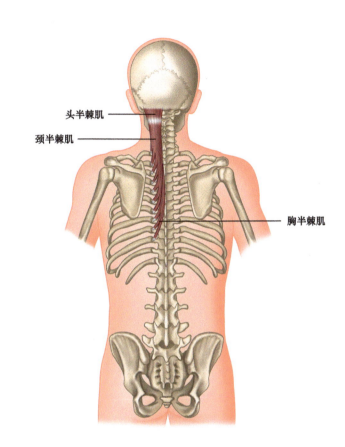

头半棘肌

颈半棘肌

胸半棘肌

拉丁语：semispinalis，半脊柱的；cervicis，颈部的。

起点

上5或6个胸椎（T1～T6）横突。

止点

第二至第五颈椎（C2～C5）棘突。

作用

伸展胸椎和颈椎。辅助旋转胸椎和颈椎。

神经

胸、颈脊神经背支。

基本功能动作

向上看或转头向后看。

主要使用此肌肉的运动

橄榄球、美式足球、摔跤和游泳。

可能伤害此肌肉的动作或损伤

挥鞭伤。

头半棘肌（Semispinalis Capitis）

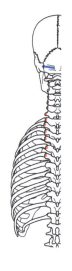

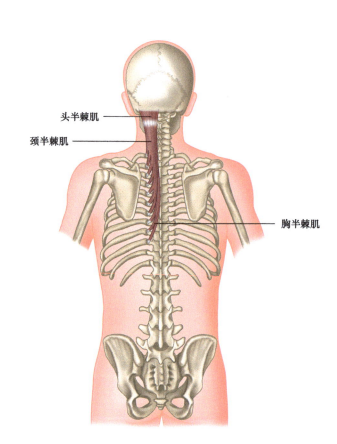

头半棘肌

颈半棘肌

胸半棘肌

拉丁语：semispinalis，半脊柱的；capitis，头部的。

头棘肌内侧部。

起点

下4个颈椎（C4～C7）和上6或7个胸椎（T1～T6或T1～T7）的横突。

止点

枕骨上项线和下项线之间。

作用

使头颈伸直（是最有力的头伸肌）。

辅助旋转头部。

神经

颈神经背支。

基本功能动作

向上看或转头向后看。

主要使用此肌肉的运动

橄榄球、美式足球、摔跤和游泳。

可能伤害此肌肉的动作或损伤

挥鞭伤。

多裂肌（Multifidus）

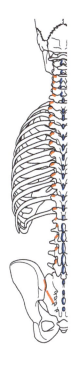

拉丁语：multi，许多；findere，分裂。

此肌肉是棘横肌的一部分，位于脊柱的椎骨和横突之间的沟内，处在半棘肌和竖脊肌深层。

起点

骶骨后表面，骶孔与髂骨上棘之间。所有腰椎的乳状突（上关节突后缘）。所有胸椎横突。下4个颈椎（C4～C7）关节突。

止点

部分止于起点之上的2～4个椎骨棘突，包括第五腰椎向上至枢椎的所有椎骨的棘突。

作用

使椎骨关节免受更强有力的浅表原动肌影响而产生运动。使脊柱伸展、侧屈和旋转。

神经

脊神经背支。

基本功能动作

在站立、坐姿和所有运动中辅助维持良好的体姿和脊柱稳定性。

可能伤害此肌肉的动作或损伤

提起重物时未屈膝或保持背部竖直。拿取重物时重物离身体过远。

回旋肌（Rotatores）

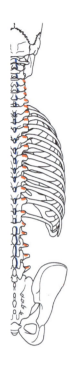

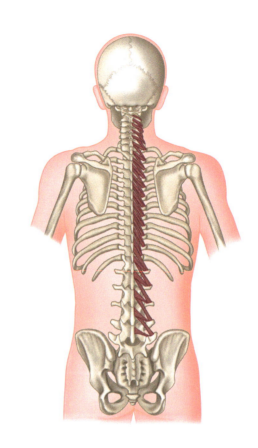

拉丁语：rota，轮子。

这些小肌肉位于棘横肌最深层。

起点

各椎骨横突。

止点

上部相邻椎骨的棘突底部。

作用

使脊柱旋转并辅助脊柱伸展。

神经

脊神经背支。

基本功能动作

在站立、坐姿和所有运动中辅助维持良好的体姿和脊柱稳定性。

可能伤害此肌肉的动作或损伤

提起重物时未屈膝或保持背部竖直。拿取重物时重物离身体过远。

棘间肌（Interspinales）

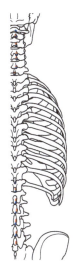

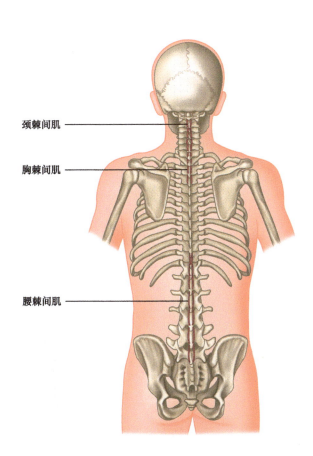

颈棘间肌

胸棘间肌

腰棘间肌

拉丁语：inter，之间的；spinalis，与脊柱有关的。

位于棘间韧带两侧短且较小的肌群。

起点 / 止点

遍及整个脊柱，自一个棘突（起点）延伸至上面的另一个棘突（止点）。

这些肌肉主要位于颈区和腰区，而不在胸区。

作用

相当于可伸展的韧带。轻微伸展脊柱。

神经

脊神经背支。

横突间前肌（Intertransversarii Anteriores）

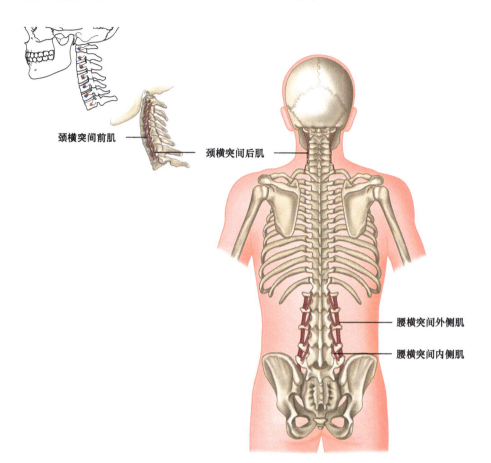

颈横突间前肌

颈横突间后肌

腰横突间外侧肌

腰横突间内侧肌

横突间肌与棘间肌相同，也是短且较小的肌群。颈区和胸区包括横突间前肌和后肌，腰区包括横突间外侧肌和内侧肌。

拉丁语：inter，之间的；transversus，横穿的，交叉的；anterior，在前面的。

起点

第一胸椎（T1）至枢椎（C2）横突前结节。

止点

上部相邻椎骨前结节。

作用

轻微辅助颈椎侧屈。相当于可伸展的韧带。

神经

脊神经背支。

横突间后肌（Intertransversarii Posteriores）

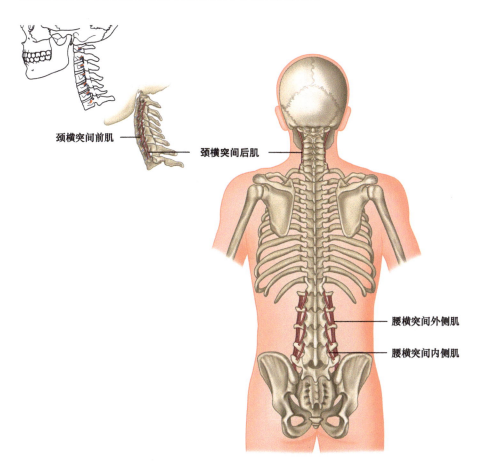

颈横突间前肌

颈横突间后肌

腰横突间外侧肌

腰横突间内侧肌

拉丁语：inter，之间的；transversus，横穿的，交叉的；posterior，在后面的。

起点

第一胸椎（T1）至枢椎（C2）横突后结节。

止点

上部相邻椎骨横突。

作用

轻微辅助颈椎侧屈。相当于可伸展的韧带。

神经

脊神经背支。

横突间外侧肌（Intertransversarii Laterales）

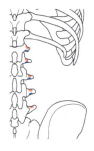

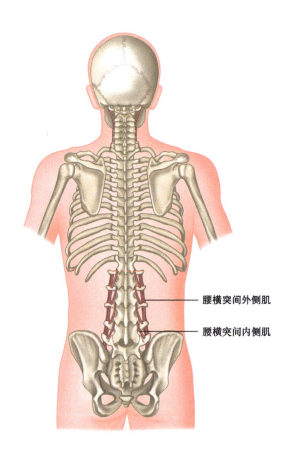

腰横突间外侧肌

腰横突间内侧肌

拉丁语：inter，之间的；transversus，横穿的，交叉的；lateralis，与侧面有关的。

起点

腰椎横突。

止点

上部相邻椎体横突。

作用

轻微辅助腰椎侧屈。相当于可伸展的韧带。

神经

脊神经腹支。

横突间内侧肌（Intertransversarii Mediales）

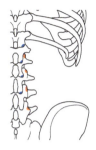

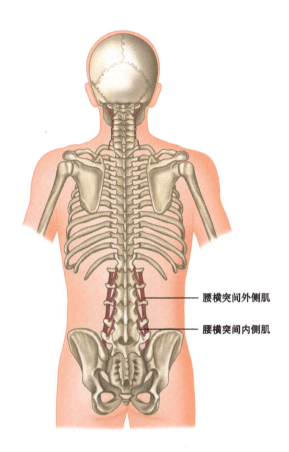

腰横突间外侧肌

腰横突间内侧肌

拉丁语：inter，之间的；transversus，横穿的，交叉的；medialis，与中间有关的。

起点

腰椎乳状突（上关节突后缘）。

止点

上部相邻腰椎副突。

作用

轻微辅助腰椎侧屈。相当于可伸展的韧带。

神经

脊神经背支。

椎骨后肌群——枕下肌群

枕下肌群位于颈部深层，头半棘肌、头最长肌和头夹肌前面。该肌群围成一个三角形空间，该空间被称为枕下三角。

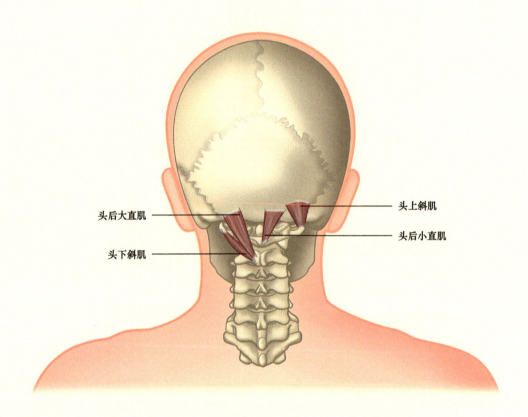

头后大直肌

头下斜肌

头上斜肌

头后小直肌

头后大直肌（Rectus Capitis Posterior Major）

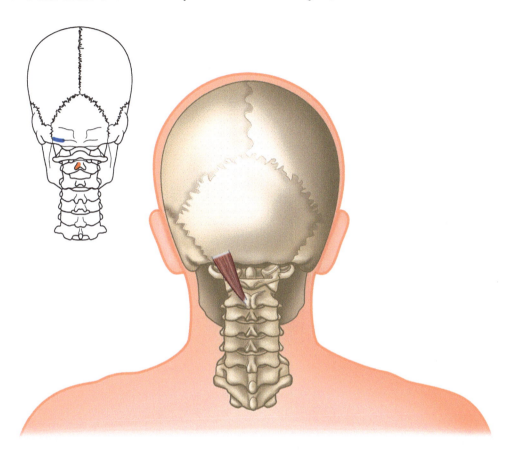

拉丁语：rectus，直的；capitis，头的；posterior，在后面的；major，较大。

起点

枢椎棘突。

止点

枕骨下项线外侧下面。

作用

伸展头部。向同侧旋转头部。

神经

枕下神经（第一颈神经背支）。

基本功能动作

使向上看和向左、右看的动作平滑而稳定。

头后小直肌（Rectus Capitis Posterior Minor）

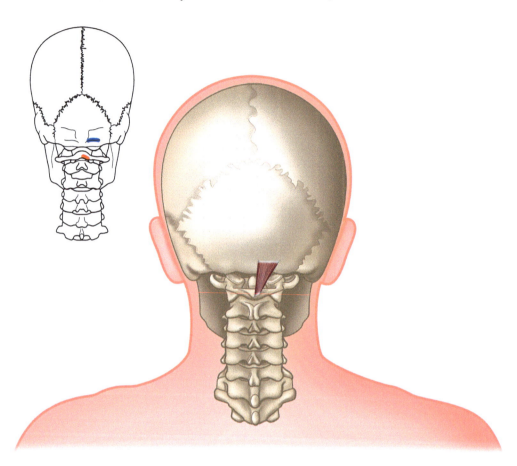

拉丁语：rectus，直的；capitis，头的；posterior，在后面的；minor，较小的。

起点

寰椎后结节。

止点

枕骨下项线中部。

作用

伸展头部。

神经

枕下神经（第一颈神经背支）。

基本功能动作

使向上看的动作平滑而稳定。

头下斜肌（Obliquus Capitis Inferior）

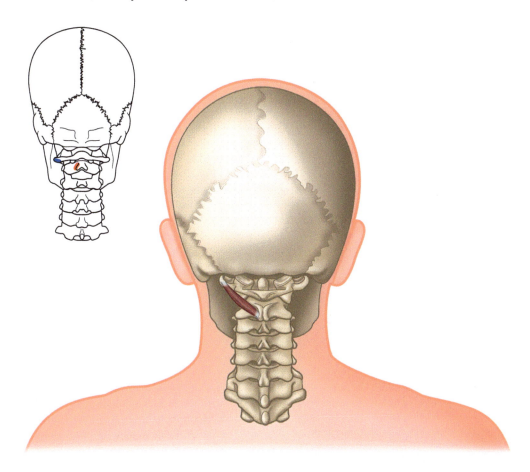

拉丁语：obliquus，对角线的、斜的；capitis，头的；inferior，下面的。

起点
枢椎棘突。

止点
寰椎横突。

作用
在枢椎上旋转寰椎，向同侧转头。

神经
枕下神经（第一颈神经背支）。

基本功能动作
在头部转动时使其稳定。

头上斜肌（Obliquus Capitis Superior）

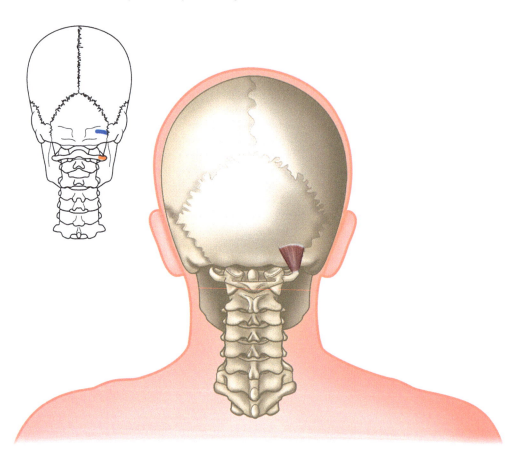

拉丁语：obliquus，对角线的、斜的；capitis，头的；superior，上面的。

起点

寰椎横突。

止点

枕骨上项线和下项线之间部位。

作用

伸展头部。

神经

枕下神经（第一颈神经背支）。

基本功能动作

使向上看的动作平滑而稳定。

胸部肌群

本部分的肌群为小肌群，主要与肋骨运动有关。

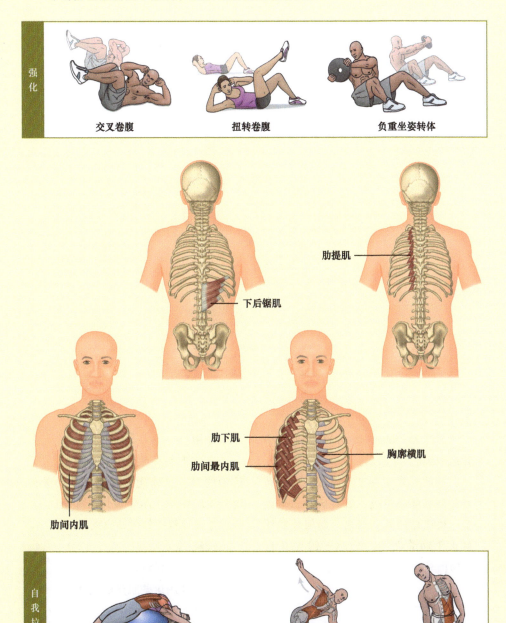

交叉卷腹　　　　　扭转卷腹　　　　　负重坐姿转体

肋提肌

下后锯肌

肋下肌
肋间最内肌
胸廓横肌

肋间内肌

瑞士球腹部拉伸　　　　跪姿旋转拉伸　　　　侧屈拉伸

肋间外肌（External Intercostals）

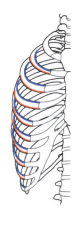

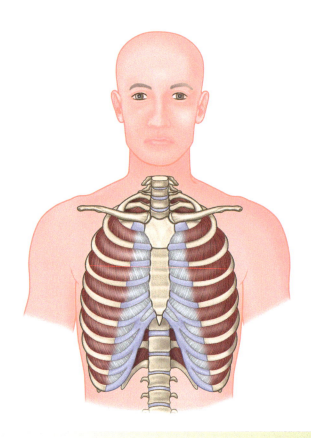

拉丁语：inter，之间的；costa，肋骨；externi，外面的。

肋间外肌下部可与覆盖其上的肋间外斜肌纤维交叠，这样实际上形成了一块连续的片状肌肉，肋间外肌纤维止于肋骨之间。胸廓一侧共有11条肋间外肌。

起点

肋骨下缘。

止点

下位肋骨上缘（纤维倾斜向前和向下排列）。

作用

在躯干各种运动过程中收缩，来稳定胸廓。在吸气过程中提升肋骨，增加胸腔体积（尽管该作用有争议）。防止呼吸过程中肋间凸出或凹下。

神经

相应的肋间神经。

主要使用这些肌肉的运动

所有非常活跃的运动。

肌肉长期紧张（缩短）时的常见问题

脊柱后凸（驼背）和压迫胸部。

肋间内肌（Internal Intercostals）

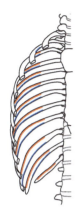

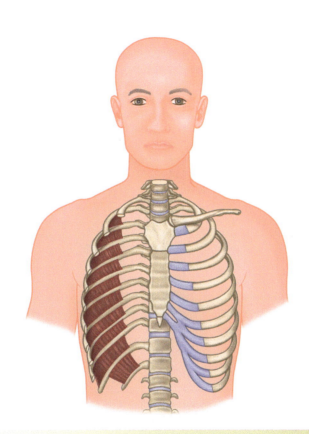

拉丁语：inter，之间；costalis，与肋骨有关的；interni，内部的。

肋间内肌位于肋间外肌深层，倾斜穿过。胸廓一侧共有11条肋间内肌。

起点

肋骨和肋软骨上缘。

止点

上位肋骨下缘（纤维朝向肋软骨倾斜向前和向上排列）。

作用

在躯干各种运动中收缩，来稳定胸廓。在用力呼气过程中将相邻的肋骨牵拉在一起，减少胸腔体积（尽管该作用有争议）。防止呼吸过程中肋间凸出或凹下。

神经

相应的肋间神经。

主要使用这些肌肉的运动

所有非常活跃的运动。

肌肉长期收紧（缩短）时的常见问题

脊柱后凸（驼背）和压迫胸部。

肋间最内肌（Innermost Intercostals）

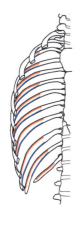

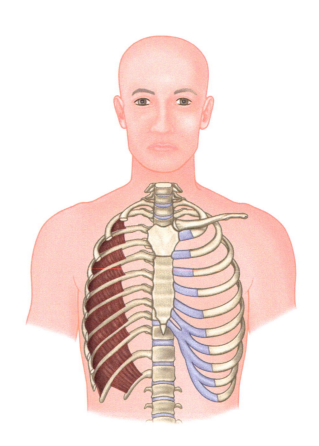

拉丁语：inter，之间的；costalis，与肋骨有关的；intimo，最内的部分。

这些肌肉是同方向排列的各层纤维，位于肋间内肌深层。

起点

每根肋骨上缘。

止点

上位肋骨下缘。

作用

尽管肋间最内肌的作用不明，但其在呼吸过程中起固定肋骨位置的作用，这一点已被广为接受。

神经

相应的肋间神经。

肋下肌（SubCostales）

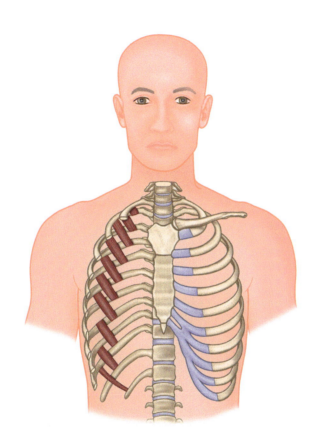

　　拉丁语：sub，在下面的；costalis，与肋骨有关的。

　　位于肋间内肌下部深层，肋下肌纤维行走方向与肋间最内肌相同，可与其相连。肋间肌最深层由肋下肌、胸横肌和肋间最内肌组成。

起点

　　每根下位肋骨的内表面，近肋角处。

止点

　　肌纤维倾斜且向内排列，进入下面的第二或第三肋骨内表面。

作用

　　在躯干各种运动中收缩，来稳定胸廓。在用力呼气过程中将相邻的肋骨牵拉在一起，减少胸腔体积（尽管该作用有争议）。

神经

　　相应的肋间神经。

胸横肌（Transversus Thoracis）

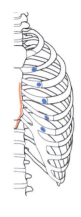

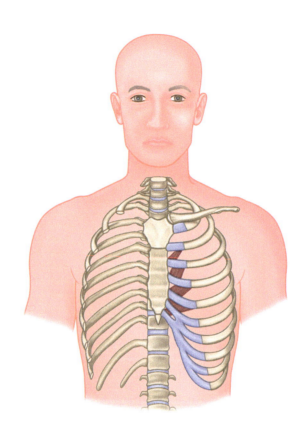

拉丁语：transversus，横穿，交叉；thoracis，胸的。

位于肋间内肌深层。

起点
剑突后表面和胸骨体。

止点
第二至第六肋软骨内表面。

作用
向下牵拉肋软骨，辅助用力呼气。

神经
相应的肋间神经。

基本功能动作
例如，吹灭顽固的火焰。

肋提肌（Levatores Costarum）

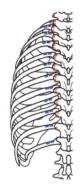

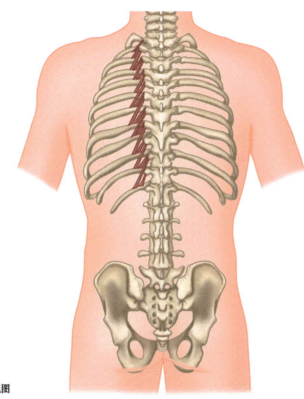

后视图

拉丁语：levare，提起；costarum，肋骨的。

相对较小的肌群。

起点

第七颈椎（C7）至第十一胸椎（T11）横突。

止点

向外、向下至下位肋骨的外表面，肋结节与肋角之间。

作用

提升肋骨，非常轻微地辅助脊柱侧屈和旋转。

神经

胸脊神经腹支。

上后锯肌（Serratus Posterior Superior）

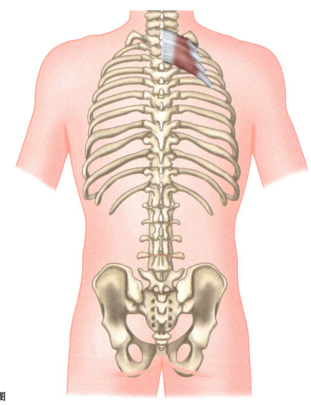

后视图

拉丁语：serratus，锯齿状的；posterior，在后面的；superior，上面的。

位于菱形肌深层。

起点

项韧带下部。第七颈椎（C7）和上 3 或 4 节胸椎棘突（T1 ～ T3 或 T1 ～ T4）。

止点

第二至第五肋骨上缘，肋骨角外侧。

作用

提升上位肋骨（大多在用力吸气过程中）。

神经

肋间神经 T2、T3、T4。

下后锯肌（Serratus Posterior Inferior）

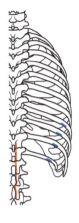

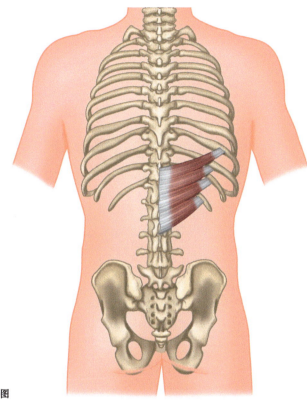

后视图

拉丁语：serratus，锯齿状的；posterior，在后面的；inferior，下面的。

起点

胸腰筋膜在下 2 个胸椎（T11 ～ T12）和上 2 或 3 个腰椎（L1 ～ L2 或 L1 ～ L3）的棘突的附着点。

止点

最后 4 根肋下缘。

作用

辅助向下、向后牵拉下位肋骨，抵抗横膈膜的牵拉。

神经

肋间神经 T9、T10、T11。

膈肌（Diaphragm）

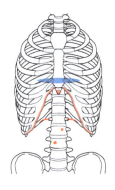

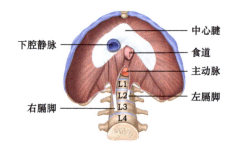

中心腱
下腔静脉
食道
主动脉
左膈脚
右膈脚
L1
L2
L3
L4

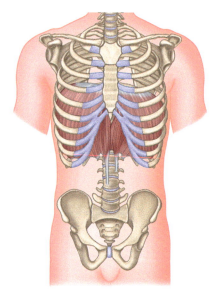

希腊语：dia，横穿；phragma，分割，壁。

左膈脚和右膈脚是 2 个肌腱结构，自膈肌向下延伸至脊柱。两者像带子一样，辅助肌肉收缩。

起点

胸骨部：剑突后部。

肋部：下 6 根肋骨和其肋软骨的内表面。

腰部：上 2 或 3 节腰椎（L1～L2 或 L1～L3）；内侧和外侧腰肋弓。

止点

所有纤维汇聚并附着于中心腱之上。

作用

形成胸腔底部。在吸气过程中向下牵拉中心腱，增大胸腔体积。

神经

膈神经（腹支）C3、C4、C5。

基本功能动作

产生约 60% 的呼吸容量。

主要使用此肌肉的运动

所有对体能要求高的体育运动。

腹前壁肌群

　　腹前壁主要有 3 层肌肉。最深层为腹横肌，其肌纤维近似水平排列。中层为腹内斜肌。最外层的腹外斜肌横穿腹内斜肌纤维，形成类似十字交叉的图形。腹直肌覆盖于这 3 层之上，垂直排列在腹中线两侧。

强化

悬垂举腿　　　　　　瑞士球卷腹

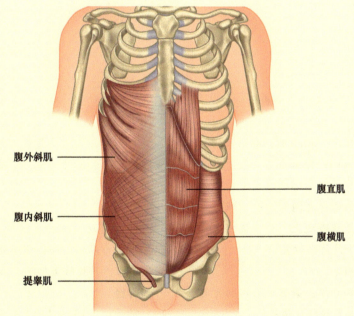

腹外斜肌

腹内斜肌

提睾肌

腹直肌

腹横肌

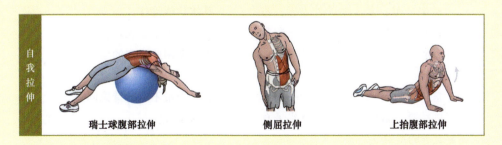

自我拉伸

瑞士球腹部拉伸　　　　　侧屈拉伸　　　　　上抬腹部拉伸

腹外斜肌（External Oblique Abdominis）

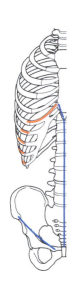

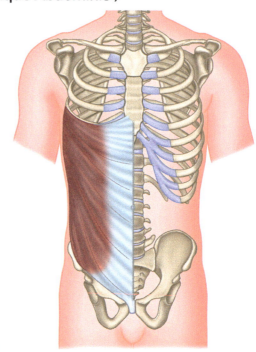

前视图

拉丁语：obliquus，对角线的、斜的；externus，外面的。

腹外斜肌后部纤维通常被背阔肌覆盖，但两者之间有时有空隙，此空隙恰位于髂嵴之上，称为腰三角，是腹壁的一处薄弱位置。

起点

前部纤维：第五至第八肋骨的外表面，与前锯肌交错排列。

后部纤维：第九肋骨外表面，与前锯肌交错排列；第九、第十一和第十二肋骨外表面，与背阔肌交错排列。

止点

前部纤维：止于一块宽阔而扁平的腹肌腱膜，该腱膜止于腹白线（自剑突延伸的腱缝）。

后部纤维：作为腹股沟韧带，止于髂前上棘和耻骨结节，以及髂嵴前半部分。

作用

增加腹压，辅助支撑腹腔内脏，以抵抗重力牵拉。一侧收缩使躯干向同侧弯曲，并旋转至对侧。

神经

胸神经（T5～T12）腹支。

基本功能动作

例如，用铲子挖地。

主要使用此肌肉的运动

体操、划船和橄榄球等。

肌肉力量不足的常见问题

损伤腰椎。

腹内斜肌（Internal Oblique Abdominis）

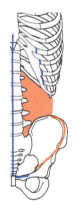

前视图

拉丁语：obliquus，对角线的、斜的；internus，内的。

起点

髂嵴。腹股沟韧带外三分之二。胸腰筋膜。

止点

底部3或4根肋骨的下缘。经腹肌腱膜至腹白线。

作用

增加腹压，辅助支撑腹腔内脏，以抵抗重力牵拉。一侧收缩使躯干向同侧弯曲，并旋转至对侧。

神经

胸神经（T7～T12）腹支，髂腹股沟神经和髂腹下神经。

基本功能动作

例如，转体。

主要使用此肌肉的运动

高尔夫球、标枪和撑竿跳等。

肌肉力量不足的常见问题

损伤腰椎。

提睾肌（Cremaster）

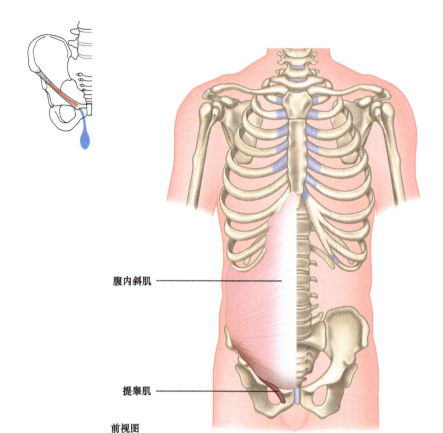

腹内斜肌

提睾肌

前视图

希腊语：kremaster，吊带。

提睾肌是由腹内斜肌的薄层形成的，在男性发育过程中，与精索一同通过腹前壁进入睾丸。

男性的提睾肌通常较发达；而女性的不发达或消失。

提睾肌形成一层薄的肌纤维膜，围绕精索和睾丸。

起点

腹股沟韧带。

止点

耻骨结节。耻骨嵴。腹直肌鞘。

作用

自阴囊向躯干方向向上牵拉睾丸（主要用于调节睾丸温度）。

神经

生殖股神经（L1、L2）生殖支。

腹横肌（Transversus Abdominis）

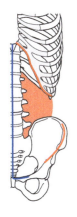

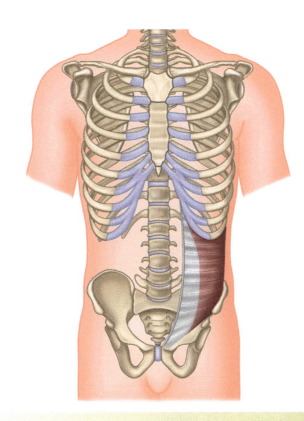

前视图

拉丁语：transversus，横穿，交叉；abdominis，腹的（胃的）。

起点

髂嵴前三分之二。腹股沟韧带外三分之一。胸腰筋膜。下6根肋骨的肋软骨。覆盖髂腰肌的筋膜。

止点

经腹肌腱膜止于剑突和腹白线，其下部纤维经联合腱最终附着于耻骨嵴和耻骨梳。

作用

增加腹压，辅助支撑腹腔内脏，以抵抗重力牵拉。

神经

胸神经（T7～T12）腹支，髂腹股沟神经和髂腹下神经。

基本功能动作

用力呼气、打喷嚏和咳嗽时起重要作用。辅助保持良好体姿。

主要使用此肌肉的运动

体操、坐姿划船、标枪和撑竿跳等。

肌肉力量不足的常见问题

损伤腰椎。

腹直肌（Rectus Abdominis）

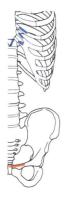

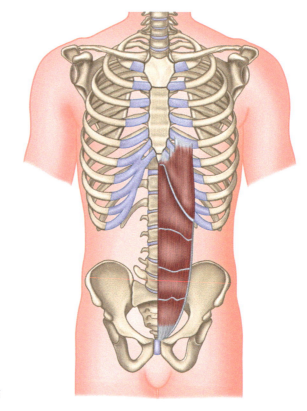

前视图

拉丁语：rectus，直的；abdominis，腹的（胃的）。

起点

耻骨嵴和耻骨联合。

止点

剑突前表面。第五、第六和第七肋软骨。

作用

屈曲腰椎。压迫胸廓。在行走过程中稳定骨盆。

神经

胸神经（T5～T12）腹支。

基本功能动作

例如，从较矮的椅子上站立。

主要使用此肌肉的运动

所有运动。

肌肉力量不足的常见问题

损伤腰椎。

腹后壁肌群

腹后壁肌群主要由腰方肌构成，覆盖腰椎体两侧和横突前部。腰大肌位于腰方肌下部，其起点位于腰方肌内侧，与沿髂窝排列的髂肌相连接。这些肌肉共同对腹腔内脏起衬垫作用，并使腹部成为髋关节的主要屈肌。

强化

哑铃弓步走　　　　　　　悬垂提膝　　　　　　　弓步

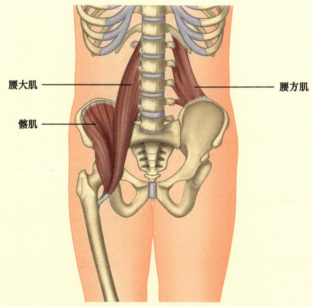

腰大肌　　　　　　　　　　　　　　　　　腰方肌

髂肌

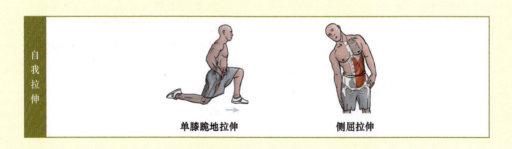

自我拉伸

单膝跪地拉伸　　　　　　　侧屈拉伸

腰方肌（Quadratus Lumborum）

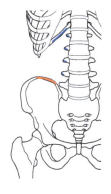

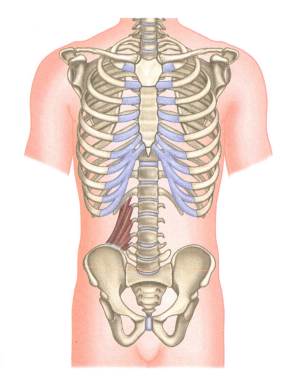

前视图

拉丁语：quadratus，方形的；lumborum，腰的。

起点

髂嵴后部。髂腰韧带。

止点

第十二肋骨下缘内侧。上4个腰椎（L1～L4）横突。

作用

侧屈脊柱。在深呼吸过程中固定第十二肋骨（例如，辅助练习控制声音的歌唱者稳定膈肌）。辅助腰椎伸展。

神经

肋下神经（T12）和上3或4腰神经（T1～L3或T1～L4）的腹支。

基本功能动作

例如，坐姿时侧弯捡起地面上的物体。

主要使用此肌肉的运动

体操（鞍马）、标枪和网球等。

可能伤害此肌肉的动作或损伤

侧身向上弯曲或从一侧的位置快速提起重物。

肌肉长期紧张（缩短）时的常见问题

髋部、臀部区域以及下背部的牵涉性疼痛。

腰大肌（髂腰肌的一部分）Psoas Major（Part of Iliopsoas）

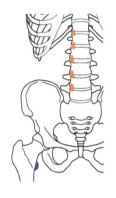

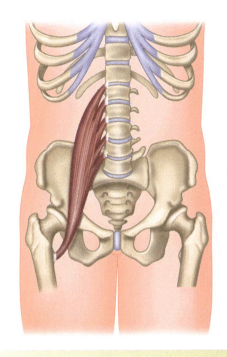

前视图

希腊语：psoa，腰部肌肉；拉丁语：major，较大的。

腰大肌和髂肌是腹后壁的一部分，对腹腔内脏起衬垫的作用。不过，基于其屈曲髋关节的作用，也可将其放在第 8 章"髋部和大腿肌群"中。腰大肌的一些上部纤维可通过长腱止于髂耻隆起，形成腰小肌，约40% 的人无腰小肌。

腰大肌双侧收缩使腰椎前凸增加。

起点

所有腰椎（L1～L5）横突底部。第十二胸椎（T12）椎体和所有腰椎椎体。每块腰椎上的椎间盘。

止点

股骨小转子。

作用

髋关节的主要屈肌，与髂肌共同起作用（像踢足球时那样屈曲和外旋大腿）。像从仰卧体位坐立起来时那样，自止点发力，屈曲躯干。

神经

腰神经（L1～L4）腹支（腰小肌由 L1、L2 支配）。

基本功能动作

上楼梯或在斜坡上向上行走。

主要使用此肌肉的运动

攀岩、疾跑（最大步长）、踢的运动（例如，用最大力踢足球）。

肌肉长期紧张（缩短）时的常见问题

腰部曲度增加（脊柱前凸）导致的下背部疼痛。

髂肌（髂腰肌的一部分）Iliacus（Part of Iliopsoas）

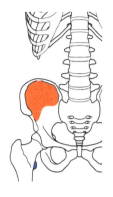

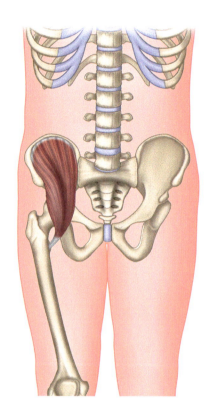

前视图

拉丁语：iliacus，与腰有关的。

起点

髂窝上三分之二。髂嵴内唇。骶骨翼及腰骶关节和骶髂关节的前韧带。

止点

腰大肌肌腱外侧，直至股骨小转子。

作用

髋关节的主要屈肌，与腰大肌共同起作用。像踢足球时那样屈曲和向外转大腿。在行走或跑步中带动腿部向前。像从仰卧体位坐立起来时那样，自止点发力，屈曲躯干。

神经

股神经（L1～L4）。

基本功能动作

上楼梯或在斜坡上向上行走。

主要使用此肌肉的运动

攀岩、疾跑（最大步长）、踢的运动（例如，用最大力踢足球）。

肌肉长期紧张（缩短）时的常见问题

腰部曲度增加（脊柱前凸）导致的下背部疼痛。

6 肩部和上臂肌群

上肢使人类具有操控物体和灵巧的特性，而下肢使人类具有运动能力。在这种情况下，上肢强调灵活性但牺牲了稳定性。上肢的灵活性主要依赖3个关节：胸锁关节、肩锁关节和盂肱关节。这个区域的肌群可分为以下几类：1）位于躯干和肩胛骨之间、作用于上肢带骨而非肩关节的肌群，即**斜方肌、肩胛提肌、菱形肌、前锯肌、胸小肌**和**锁骨下肌**；2）位于躯干和肱骨之间、作用于肩关节和上肢带骨的肌群，即**胸大肌**和**背阔肌**；3）位于肩胛骨和肱骨之间、只作用于肩关节的肌群，即**三角肌、冈上肌、冈下肌、小圆肌、肩胛下肌、大圆肌**和**喙肱肌**。

背阔肌是背部最宽的肌肉，可向下和向后牵拉肩部、向上牵拉躯干至固定的手臂，是主要的攀爬肌肉之一。它在攀爬、体操（特别是吊环和双杠）、游泳和划船等体育运动中被频繁使用。

菱形肌位于肩胛骨和脊柱之间，因其形状（菱形）而得名，大菱形肌比小菱形肌大。

建议锻炼肩袖肌群（**肩胛下肌、冈上肌、冈下肌**和**小圆肌**）时尽可能采取站立位。肩袖肌群灵巧（运动幅度大）而力量稍弱，也就是说其稳定性较差。下肢产生的力经胸部传递至肩部。站立完成训练更具功能性，而坐立完成训练更容易。

手臂肌群主要包括止于肩胛骨和/或肱骨、止于桡骨和/或尺骨的肌肉；它们作用于肘关节和/或桡尺关节。本章关注的肌肉为肱二头肌、肱肌、肱三头肌和肘肌。**喙肱肌**临近该肌群，尽管其作用于肩关节，但也包括在内。**肱二头肌**位于上臂前侧，有长、短两个头。**肱肌**位于肱二头肌后侧，是肘关节的主要屈肌。**肱三头肌**位于上臂后侧，有3个头。**肘肌**位于肘关节后侧。

使上肢附着于躯干的肌群

此部分包括位于躯干和肩胛骨之间，作用于上肢带骨而非肩关节的肌群，以及位于躯干和肱骨之间、作用于肩关节和上肢带骨的肌群。

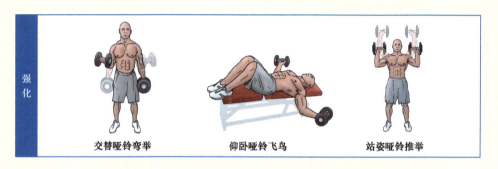

强化

交替哑铃弯举　　　　仰卧哑铃飞鸟　　　　站姿哑铃推举

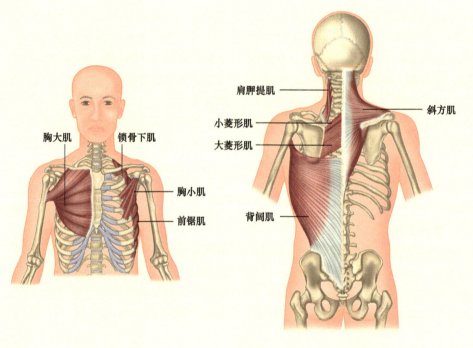

肩胛提肌

小菱形肌

大菱形肌

斜方肌

胸大肌　锁骨下肌

胸小肌

前锯肌

背阔肌

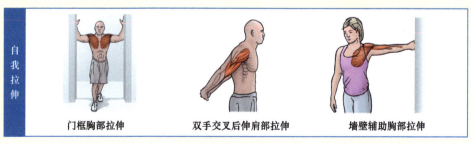

自我拉伸

门框胸部拉伸　　　　双手交叉后伸肩部拉伸　　　　墙壁辅助胸部拉伸

斜方肌（Trapezius）

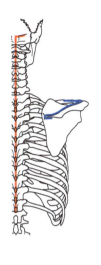

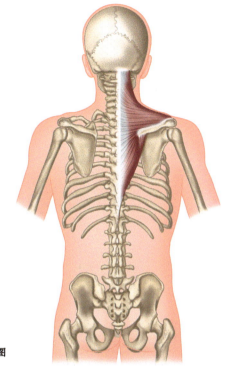

后视图

希腊语：trapezoeides，呈桌子状的。从整体上看，左右斜方肌或斜方形，因此其名。

起点

枕骨上项线内三分之一。枕外隆凸。项韧带。第七颈椎（C7）和所有胸椎（T1～T12）棘突和棘上韧带。

止点

锁骨外三分之一后缘。肩峰内侧缘。肩胛冈上缘。

作用

上部纤维：向上牵拉（上提）上肢带骨。当肩膀或手承重时，辅助防止上肢带骨下抑。

中部纤维：后缩（内收）肩胛骨。

下部纤维：下抑肩胛骨，以抵抗阻力，就像通过双手支撑从椅子上起来时那样。

上部纤维与下部纤维一起：旋转肩胛骨，例如把手臂抬过头部。

神经

运动神经：副神经（XI）。

感觉神经：颈神经 C2、C3 和 C4 腹侧支。

基本功能动作

例如，粉刷天花板（上部和下部纤维共同工作）。

主要使用此肌肉的运动

射击姿势、拳击和坐姿划船等。

肌肉长期紧张（缩短）时的常见问题

上部纤维：颈部疼痛或僵硬、头痛。

肩胛提肌（Levator Scapulae）

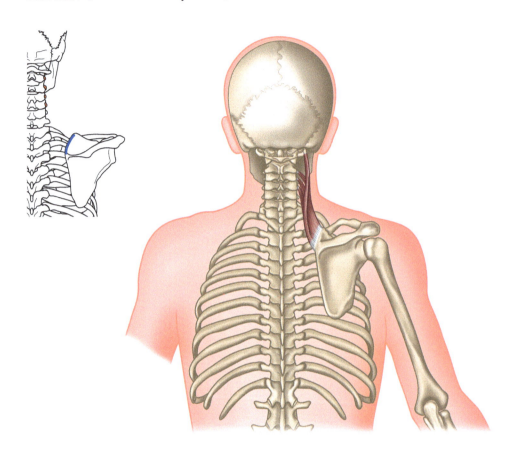

拉丁语：levare，抬起；scapulae，肩胛骨。

肩胛提肌位于胸锁乳突肌和斜方肌深层，因其提升肩胛骨的作用而得名。

起点

上 3 个或 4 个颈椎（C1～C3 或 C1～C4）横突后结节。

止点

肩胛骨内缘（靠近椎骨侧），上角和肩胛冈之间。

作用

提升肩胛骨。辅助后缩肩胛骨。辅助侧屈头部。

神经

肩胛背神经 C4、C5 和颈神经 C3、C4。

基本功能动作

例如，背重包。

主要使用此肌肉的运动

射击姿势、提重物等。

肌肉长期紧张（缩短）时的常见问题

上部纤维：颈部疼痛或僵硬、头痛。

小菱形肌（Rhomboid Minor）

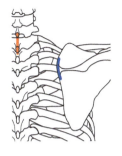

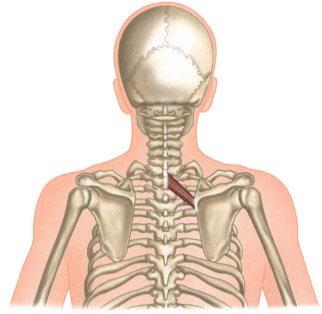

希腊语：rhomboeides，平行四边形的，对边对角相等的；拉丁语：minor，较小的。

小菱形肌位于斜方肌深层，连接肩胛骨和椎骨，因其形状而得名。

起点
第七颈椎（C7）和第一胸椎棘突和棘上韧带，项韧带下部。

止点
肩胛骨在肩胛冈位置的内侧缘（靠近椎骨侧）。

作用
后缩（内收）肩胛骨。稳定肩胛骨。轻微提升肩胛骨内侧缘，使其向下旋转（故而下抑外角）。轻微辅助手臂在运动范围以外内收（即自手臂位于头上至手臂位于肩部高度）。

神经
肩胛背神经C4、C5。

基本功能动作
向自己身体方向拖动物体，如打开抽屉。

主要使用此肌肉的运动
射箭、坐姿划船、风帆冲浪和持拍类运动等。

肌肉紧张或过度拉长时的常见问题
紧张：肩胛骨之间不适或疼痛。

过度拉长：菱形肌过度拉长会造成圆肩症状，还会使该症状加重（菱形肌常常过度拉长而非过度紧张）。

大菱形肌（Rhomboid Major）

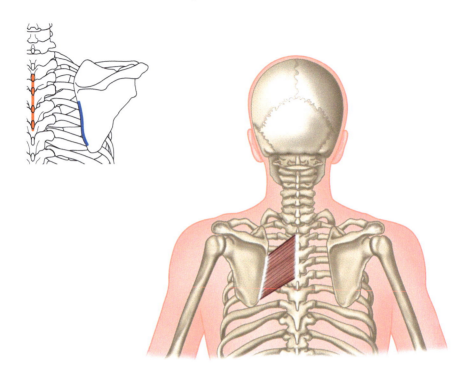

希腊语：rhomboeides，平行四边形的，对边对角相等的；拉丁语：major，较大的。

大菱形肌与小菱形肌平行排列，常与其连续，因其形状而得名。

起点

第二至第五胸椎（T2～T5）棘突和棘上韧带。

止点

肩胛骨内侧缘，肩胛冈和下角之间。

作用

后缩（内收）肩胛骨。稳定肩胛骨。轻微提升肩胛骨内侧缘，使其向下旋转。轻微辅助手臂在运动范围以外内收（即自手臂位于头上至手臂位于肩部高度）。

神经

肩胛背神经 **C4**、**C5**。

基本功能动作

向自己身体方向拖动物体，如打开抽屉。

主要使用此肌肉的运动

射箭、坐姿划船、风帆冲浪和持拍类运动等。

肌肉紧张或过度拉长时的常见问题

紧张：肩胛骨之间不适或疼痛。

过度拉长：菱形肌过度拉长会造成圆肩症状，还会使该症状加重（菱形肌常常过度拉长而非过度紧张）。

前锯肌（Serratus Anterior）

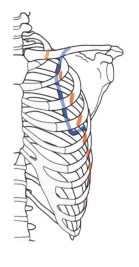

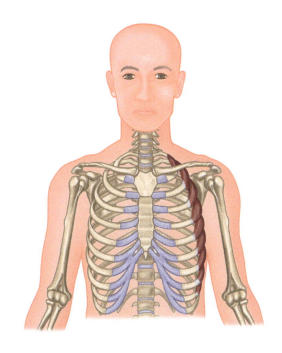

拉丁语：serratus，锯齿状的；anterior，在前面的。

前锯肌和上 5 根肋骨形成腋窝内壁。它是由一系列手指样的细条构成的大块肌肉，下部细条与腹外斜肌的起点交错排列。

起点

上 8 或 9 根肋骨的外侧缘和上缘，肋间筋膜。

止点

肩胛骨内侧缘前表面（靠近肋骨侧）和肩胛骨下角。

作用

旋转肩胛骨，以外展和屈曲手臂。前伸肩胛骨（向前牵拉肩胛骨，使其紧靠胸壁）。促进推的动作，如俯卧撑或拳击。

神经

胸长神经 C5、C6、C7、C8。

基本运动功能

例如，向前伸手去拿够得着的物体。

主要使用此肌肉的运动

拳击、射击姿势等。

肌肉力量不足的常见问题

注意：胸长神经病变可使肩胛骨内侧缘脱离后胸壁，导致"翼状肩胛骨"，这也是支配该肌肉的神经出现损伤的表现。

胸小肌（Pectoralis Minor）

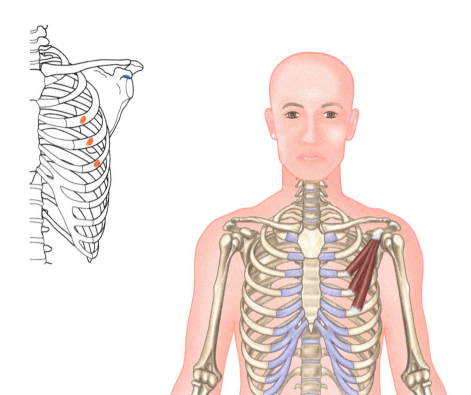

拉丁语：pectoralis，与胸有关的；minor，较小的。

胸小肌是一块三角状的扁平肌肉，位于胸大肌后，被其掩盖。胸小肌与胸大肌一起形成腋窝前壁。

起点

第三、第四和第五肋骨外表面及相应的肋间筋膜。

止点

肩胛骨的喙突。

作用

向前和向下牵拉肩胛骨。用力吸气过程中提升肋骨（如果菱形肌和斜方肌稳定肩胛骨，则该肌肉是吸气的辅助肌）。

神经

胸内侧神经受相连的胸外侧神经C（6）、C7、C8、T1交通支的影响。

基本运动功能

例如，推椅子扶手站起来。

主要使用此肌肉的运动

持拍类运动（如网球和羽毛球）、棒球和短跑等。

肌肉长期紧张（缩短）时的常见问题

胸部扩张受限。

锁骨下肌（Subclavius）

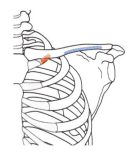

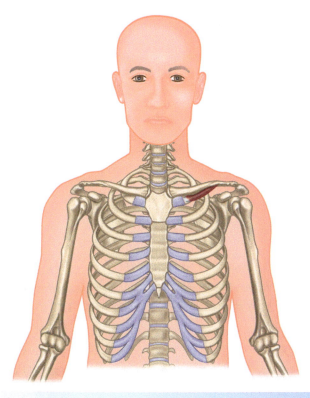

拉丁语：sub，下面的；clavis，钥匙。

锁骨下肌位于锁骨和胸大肌之后，被这二者掩盖。该肌肉麻痹并不会产生明显影响。

起点
第一肋骨和第一肋软骨的接合处。

止点
锁骨下表面的槽底。

作用
下抑锁骨，将其向胸骨牵拉，从而在上肢带骨的运动中稳定锁骨。

神经
锁骨下神经 C5、C6。

胸大肌（Pectoralis Major）

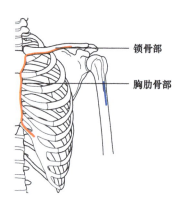

锁骨部

胸肋骨部

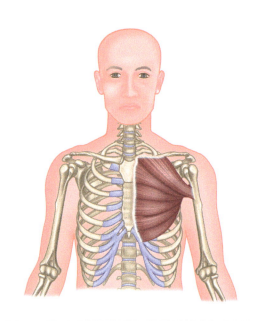

拉丁语：pectoralis，与胸有关的；major，较大的。

胸大肌与胸小肌共同形成腋窝前壁。

起点

锁骨部：锁骨前部内二分之一或三分之二。

胸肋骨部：胸骨体和胸骨柄前部。上6个肋软骨。腹直肌鞘。

止点

肱骨大结节下嵴，肱骨结节间沟外唇。

作用

内收和内旋肱骨。

锁骨部：屈曲和内旋肩关节，向对侧肩部水平内收肱骨。

胸肋骨部：向对侧髋部倾斜内收肱骨。

胸大肌是主要的攀爬肌之一，将身体向固定的手臂牵拉。

神经

上部纤维神经：胸外侧神经 C5、C6、C7。

下部纤维神经：胸外侧和内侧神经 C6、C7、C8、T1。

基本运动功能

锁骨部：带动手臂向前并越过身体，如向对侧的腋窝涂抹除臭剂。

胸肋骨部：从上向下牵拉物体，如拉吊铃的绳子。

主要使用此肌肉的运动

持拍类运动（如网球）、高尔夫球、棒球投球、体操（吊环和单杠）、柔道和摔跤等。

可能伤害此肌肉的动作或损伤

摔跤及其他用力内旋和内收的活动有可能损伤该肌肉的止点。

肌肉紧张时的常见问题

圆背和胸部扩张受限，肩部内旋和外展受限。

背阔肌（Latissimus Dorsi）

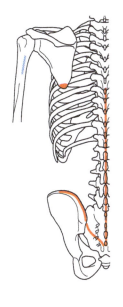

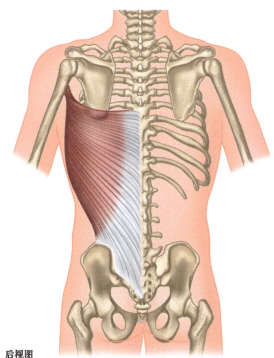

后视图

拉丁语：latissimus，最宽的；dorsi，背部的。

背阔肌和肩胛下肌、大圆肌形成腋窝后壁。

起点

胸腰筋膜，附着在下面6个胸椎骨、全部腰椎和骶椎（T7～S5）的棘突及伸入的棘上韧带上。髂嵴后部、下面的3根或4根肋骨。肩胛骨下角。

止点

肱骨结节间沟底部。

作用

伸展屈曲的手臂。内收和内旋肱骨。向下和向后拉拽肩膀，向固定的手臂拉拽躯干（故在自由泳中起主动作用），是主要的攀爬肌之一。通过提升下部肋骨来辅助吸气。

神经

来自臂丛后束的胸背神经C6、C7、C8。

基本功能动作

例如，推椅子扶手站起来。

主要使用此肌肉的运动

攀爬、体操（吊环和双杠）、游泳和划船等。

肩关节肌群

该肌群包括位于肩胛骨和肱骨之间的肌群，这些肌群只作用于肩关节。虽然喙肱肌也只作用于肩关节，但根据其位置，我们将在手臂肌群部分对其进行介绍。

强化

瑞士球哑铃推胸　　　　哑铃肩上推举　　　　侧平举

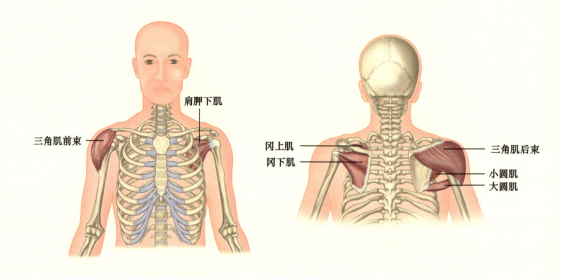

三角肌前束

肩胛下肌

冈上肌
冈下肌

三角肌后束
小圆肌
大圆肌

自我拉伸

扫帚柄旋转拉伸　　　　手臂平行肩部拉伸　　　　后伸触肩拉伸

三角肌（Deltoid）

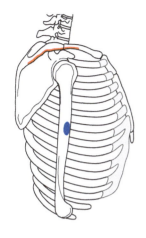

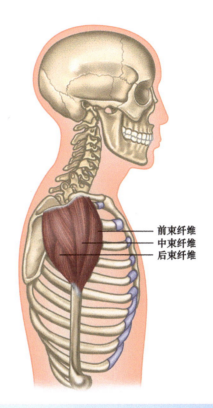

前束纤维
中束纤维
后束纤维

希腊语：deltoeides，像希腊大写字母 Δ。

三角肌由 3 部分构成：前束、中束和后束。仅中束纤维是多羽状的，这可能是因为其在外展肩关节时有力学缺陷，需要额外的力量。

起点

前束：锁骨外侧。

中束：肩锋。

后束：肩胛冈。

止点

三角肌粗隆，位于肱骨体外表面下半部。

作用

前束：屈曲和内旋肱骨。

中束：在肩关节处外展肱骨（仅在冈上肌启动的约 15° 的运动之后）。

后束：伸展和外旋肱骨。

神经

来自臂丛后束的腋神经 C5、C6。

基本功能运动

例如，伸手去拿身体一侧的物体，抬臂挥手。

主要使用此肌肉的运动

标枪、射击、持拍类运动、风帆冲浪和举重等。

冈上肌（Supraspinatus）

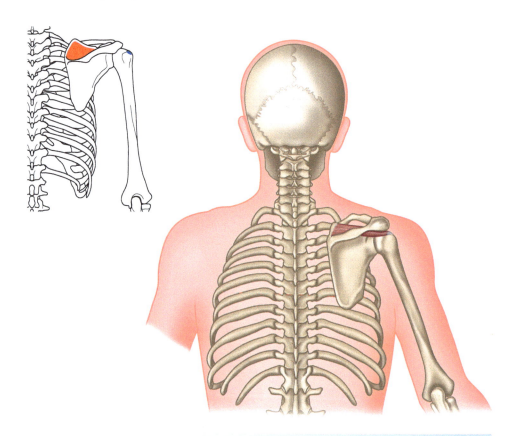

拉丁语：supra，上面的；spina，脊柱。

冈上肌是肩袖肌群的一部分。肩袖肌群还包括冈下肌、小圆肌和肩胛下肌。肩袖肌群在肩部运动中辅助肱骨头保持与关节盂（窝）接触，这有助于防止关节脱位。

起点
冈上窝。

止点
肱骨大结节上部。

作用
启动肩关节外展过程，使三角肌在外展的后期起主要作用。

神经
来自臂丛上干的肩胛上神经 C4、C5、C6。

基本运动功能
例如，将购物包从身体一侧移开。

主要使用此肌肉的运动
篮球、高尔夫球和持拍类运动等。

可能伤害此肌肉的动作或损伤
肩关节脱位。

冈下肌（Infraspinatus）

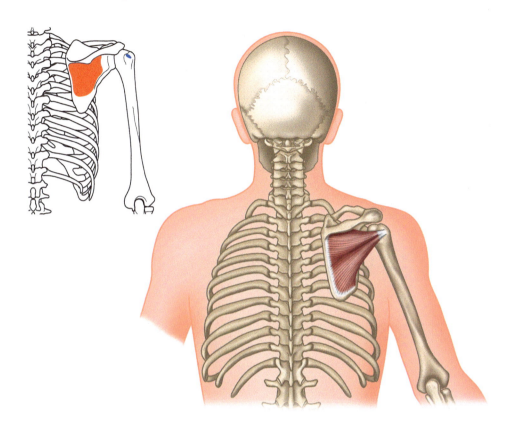

拉丁语：infra，下面的；spina，脊柱。

起点

冈下窝。

止点

肱骨大结节中部。

作用

防止肩关节向后脱位。外旋肱骨。

神经

来自臂丛上干的肩胛上神经C（4）、C5、C6。

基本运动功能

例如，向后梳头发。

主要使用此肌肉的运动

反手进行持拍类运动。

可能伤害此肌肉的动作或损伤

肩关节脱位。

小圆肌（Teres Minor）

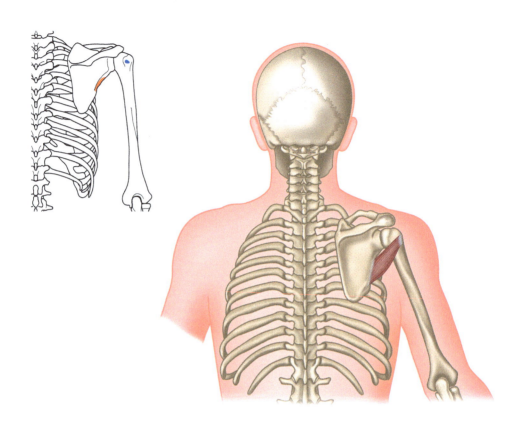

拉丁语：teres，圆的，细长的；minor，较小的。

起点
肩胛骨后表面外缘上三分之二。

止点
肱骨大结节下表面。

作用
防止肩关节向上脱位。外旋肱骨。轻微内收肱骨。

神经
来自臂丛后束的腋神经 **C5**、**C6**。

基本运动功能
例如，向后梳头发。

主要使用此肌肉的运动
反手进行持拍类运动。

可能伤害此肌肉的动作或损伤
肩关节脱位。

肩胛下肌（Subscapularis）

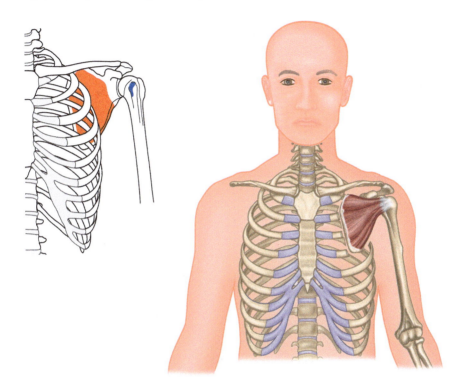

拉丁语：sub，在下面的；scapularis，与肩关节有关的。

起点

沿肩胛骨前表面外侧缘的肩胛下窝。

止点

肱骨小结节。

作用

稳定肩关节，防止肱骨头被三角肌、肱二头肌和肱三头肌长头向上牵拉。内旋肱骨。

神经

来自臂丛后束的肩胛下神经 C5、C6、C7 上支和下支。

基本运动功能

例如，将手伸进背后的口袋。

主要使用此肌肉的运动

投掷类项目、高尔夫球和持拍类运动等。

可能伤害此肌肉的动作或损伤

将手臂扭到背后（类似押送犯人的动作）或奋力从该体位挣脱时，可能损伤此肌肉止点。

大圆肌（Teres Major）

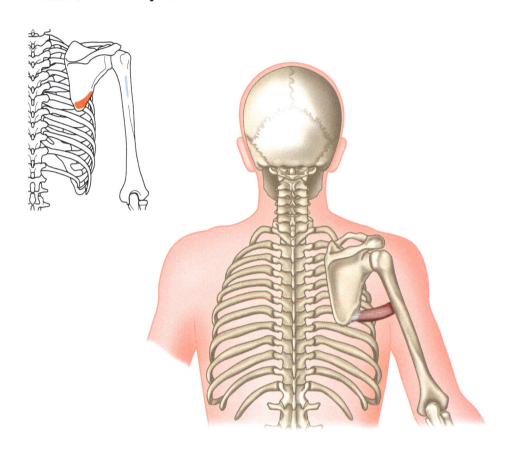

拉丁语：teres，圆的，细长的；major，较大的。

大圆肌与背阔肌（围绕大圆肌）和肩胛下肌一起形成腋后壁。

起点

肩胛骨外侧缘后表面的下三分之一。

止点

肱骨结节间沟。

作用

内收肱骨。内旋肱骨。自屈曲位置伸展肱骨。

神经

来自臂丛后束的肩胛下神经 C5、C6、C7 下支。

基本运动功能

例如，手伸进背后的口袋。

主要使用此肌肉的运动

划船、越野滑雪等。

可能伤害此肌肉的动作或损伤

像扔石头而使其掠过湖面（即打水漂）时那样，手臂猛然向前移动。

上臂肌群

　　该肌群包括起自肩胛骨和 / 或肱骨而止于桡骨和 / 或尺骨的肌肉，故其作用于肘关节。尽管喙肱肌作用于肩关节，但其靠近该组的其他肌肉，故也包含在此。

哑铃单臂后屈伸　　　　　　哑铃弯举　　　　　　绳索下压

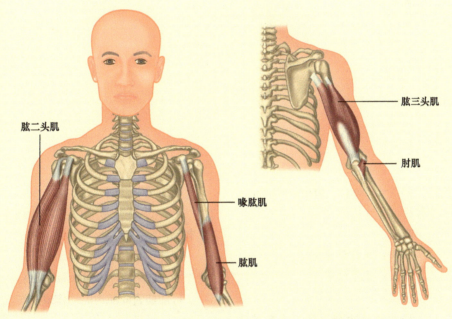

肱二头肌

肱三头肌

肘肌

喙肱肌

肱肌

辅助反向肩关节拉伸　　　　　过顶肱三头肌拉伸

肱二头肌（Biceps Brachii）

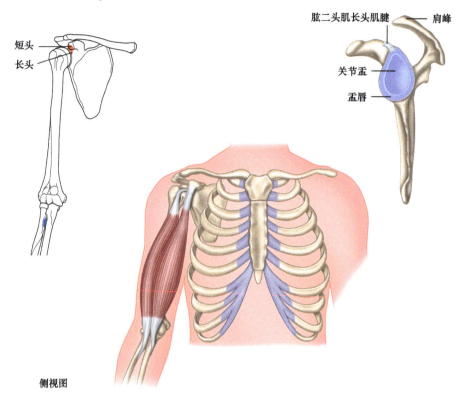

短头
长头

肱二头肌长头肌腱 —— 肩峰
关节盂
盂唇

侧视图

拉丁语：biceps，两个头的；brachii，手臂的。

起点

短头：肩胛骨喙突尖。

长头：盂上结节。

止点

桡骨粗隆后部。肱二头肌腱膜，与前臂内侧深筋膜连接。

作用

屈曲肘关节。使前臂后旋。使手臂在肩关节处轻微屈曲。

神经

肌皮神经 C5、C6。

基本运动功能

例如，捡起物体，将食物送至口中。

主要使用此肌肉的运动

拳击、攀爬、皮划艇和划船等。

可能伤害此肌肉的动作或损伤

过快地提起重物。

肌肉长期紧张（缩短）时的常见问题

肘部屈曲变形（肘部不能完全伸直）。

喙肱肌（Coracobrachialis）

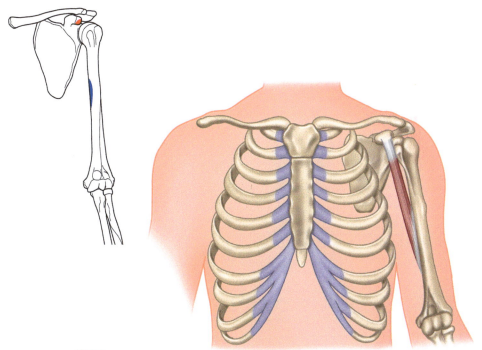

前视图

希腊语：korakoeides，乌鸦样的。

拉丁语：brachialis，与手臂有关的。

喙肱肌与肱二头肌和肱骨一起形成腋窝外壁。该肌肉因像乌鸦的喙而得此名。

起点
肩胛骨喙突尖。

止点
肱骨体内侧面。

作用
轻微内收肩关节。可辅助肩关节屈曲（但未经证实）。辅助稳定肱骨。

神经
肌皮神经 C6、C7。

基本运动功能
例如，拖地板。

主要使用此肌肉的运动
高尔夫和板球等。

可能伤害此肌肉的动作或损伤
在板球运动中用力挥动球拍，却突然击中地面。

肱肌（Brachialis）

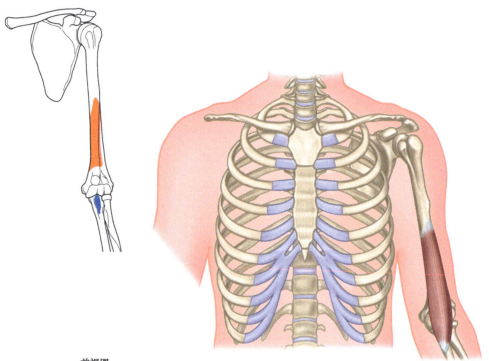

前视图

拉丁语：brachialis，与手臂有关的。

肱肌位于肱二头肌后面，是肘关节的主要屈肌。一些肌纤维与肱桡肌融合。

起点

肱骨前表面下（远端）三分之二。

止点

尺骨冠突和尺骨粗隆（即尺骨骨干前上部）。

作用

屈曲肘关节。

神经

肌皮神经 C5、C6。

基本运动功能

例如，将食物送至口中。

主要使用此肌肉的运动

篮球、拳击和体操等。

肌肉长期紧张（缩短）时的常见问题

肘部屈曲变形（肘部不能完全伸直）。

肱三头肌（Triceps Brachii）

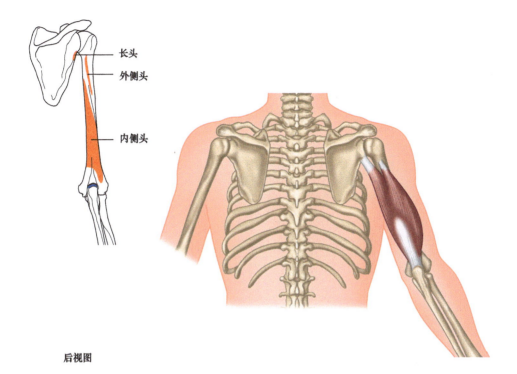

后视图

拉丁语：triceps，三头的；brachii，手臂的。

肱三头肌有 3 个头，是上臂后部唯一的一块肌肉。内侧头大部分被外侧头和长头覆盖。

起点

长头：盂下结节。

外侧头：肱骨体后表面上半部（位于桡神经沟外上部）。

内侧头：肱骨体后表面下半部（位于桡神经沟内下部）。

止点

尺骨鹰嘴突后部。

作用

伸展肘关节。长头可内收肱骨，使肱骨由屈曲变为伸展。稳定肩关节。

神经

桡神经 C6、C7、C8，T1。

基本运动功能

例如，投掷物体，推门使其关闭。

主要使用此肌肉的运动

篮球或无板篮球（投篮）、推铅球、棒球（投球）和排球等。

可能伤害此肌肉的动作或损伤

过度用力投掷。

肌肉长期紧张（缩短）时的常见问题

肘部屈曲变形（肘部不能完全伸直），但较少见。

肘肌（Anconeus）

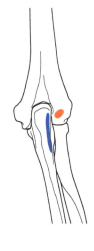

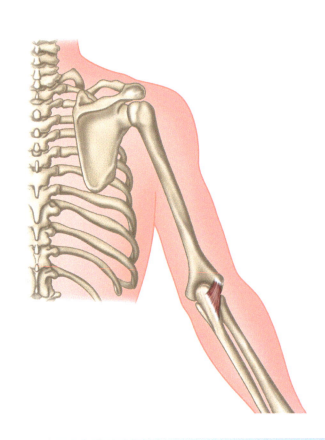

后视图

希腊语：agkou，肘部。

起点

肱骨外上髁后部。

止点

尺骨后表面上部和鹰嘴突外侧面。

作用

辅助肱三头肌在肘关节处伸展。

在旋前和旋后过程中稳定尺骨。

神经

桡神经 C7、C8。

基本运动功能

例如，将物体推开。

7 前臂和手部肌群

前臂前部包含 3 组功能性肌肉，自浅表至深层排列，依次为前臂旋前肌、腕屈肌及拇指和其余四指的长屈肌。浅表肌肉有 4 块：**旋前圆肌、桡侧腕屈肌、掌长肌和尺侧腕屈肌**，这些肌肉都起自被称为屈肌总腱的肌腱。中层肌肉仅包含**指浅屈肌**。最深层肌肉包括**指深屈肌、拇长屈肌和旋前方肌**。

在前臂后部有 2 组肌肉——浅表肌肉和深层肌肉。自桡骨侧至尺骨侧，浅表肌肉包括：**肱桡肌、桡侧腕长伸肌、桡侧腕短伸肌、指伸肌、小指伸肌和尺侧腕伸肌**。深层肌肉包括：**旋后肌、拇长展肌、拇短伸肌、拇长伸肌和示指伸肌**。

手部肌肉分组为：1）手固有肌，由**蚓状肌**（起自手掌的指深屈肌肌腱）和位于掌骨间隙的**骨间掌侧肌和骨间背侧肌**构成（作用于拇指和其余四指）；2）小鱼际肌群——**小指展肌、小指对掌肌、小指短屈肌**；3）大鱼际肌群——**拇短展肌、拇对掌肌和拇短屈肌**；4）**拇收肌和掌短肌**。

前臂前部肌群

前臂前部包括3组功能性肌肉：前臂旋前肌、腕屈肌及拇指其余四指的长屈肌。这些肌肉排列成3层：浅表层、中层和深层。

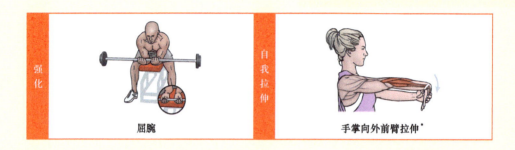

强化

屈腕

自我拉伸

手掌向外前臂拉伸 *

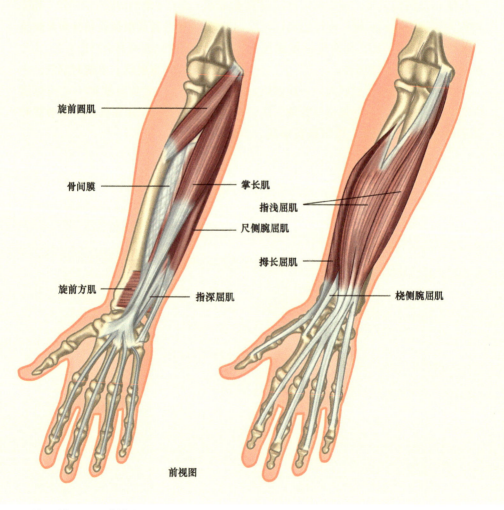

旋前圆肌

骨间膜

旋前方肌

掌长肌

指浅屈肌

尺侧腕屈肌

拇长屈肌

指深屈肌

桡侧腕屈肌

前视图

* 原书图片如此。——译者注

旋前圆肌（Pronator Teres）

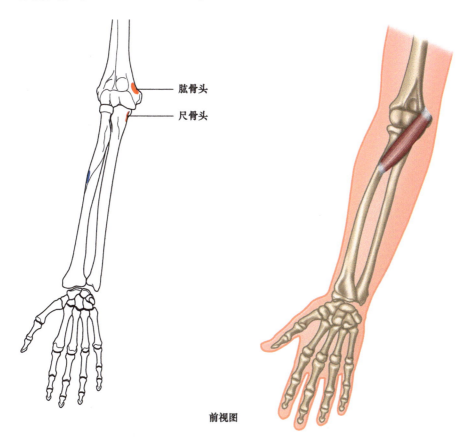

肱骨头

尺骨头

前视图

拉丁语：pronare，向前弯曲；teres，圆的，细长的。

该肌肉是前臂前部浅表层的一部分，浅表层还包括桡侧腕屈肌、掌长肌、尺侧腕屈肌。

起点

肱骨头：肱骨内侧髁上嵴下三分之一和内上髁前侧面的屈肌总腱。

尺骨头：尺骨冠突内侧缘。

止点

桡骨外侧面中部（旋前肌粗隆）。

作用

使前臂旋前。辅助肘关节屈曲。

神经

正中神经 C6、C7。

基本运动功能

例如，倾倒容器内的液体，旋转门把手。

主要使用此肌肉的运动

板球、曲棍球和排球等。

桡侧腕屈肌（Flexor Carpi Radialis）

前视图

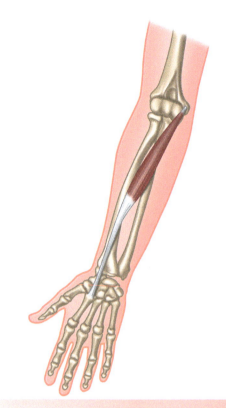

拉丁语：flectere，弯曲；carpi，腕的；radius，杆子，涉及轮子的。

起点

肱骨内上髁前侧面屈肌总腱。

止点

第二和第三掌骨底前部。

作用

屈曲和外展手腕（腕关节）。辅助肘部屈曲和前臂旋前。

神经

正中神经 C6、C7、C8。

基本运动功能

例如，向自己的方向拉绳子，挥动斧子或锤子。

主要使用此肌肉的运动

帆船、滑水、高尔夫、棒球、板球和排球等。

可能伤害此肌肉的动作或损伤

用手阻止跌倒导致的手腕过度伸展。

肌肉长期紧张（缩短）时的常见问题

高尔夫球肘（过度使用屈肌总腱导致的肌腱炎），腕管综合征。

掌长肌（Palmaris Longus）

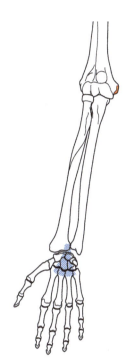

前视图

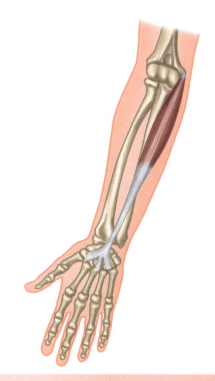

拉丁语：palmaris，与掌有关的；longus，长的。

起点
肱骨内上髁前侧面的屈肌总腱。

止点
掌腱膜尖和屈肌支持带浅表（前）面。

作用
屈曲腕部，收紧掌腱膜。

神经
正中神经 C（6）、C7、C8、T1。

基本运动功能
例如，抓小球，弯曲手掌呈杯状以取水喝。

主要使用此肌肉的运动
帆船、滑水、高尔夫、棒球、板球和排球等。

可能伤害此肌肉的动作或损伤
用手阻止跌倒导致的手腕过度伸展。

肌肉长期紧张（缩短）时的常见问题
高尔夫球肘（过度使用屈肌总腱导致的肌腱炎），腕管综合征。

尺侧腕屈肌（Flexor Carpi Ulnaris）

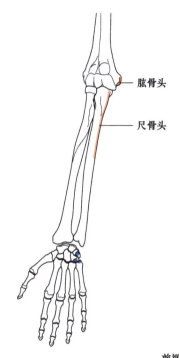

肱骨头

尺骨头

前视图

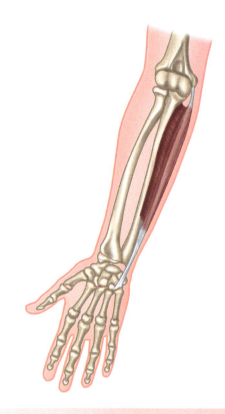

拉丁语：flectere，弯曲；carpi，腕的；ulnaris，与肘（手臂）有关的。

起点
肱骨头：肱骨内上髁屈肌总腱。

尺骨头：鹰嘴内侧缘，尺骨上三分之二后缘。

止点
豌豆骨，钩骨钩，第五掌骨底。

作用
屈曲和内收腕部。轻微辅助肘部屈曲。

神经
尺神经 C7、**C8**、T1。

基本运动功能
例如，向自己方向拉物体。

主要使用此肌肉的运动
帆船、滑水、高尔夫、棒球、板球和排球等。

可能伤害此肌肉的动作或损伤
用手阻止跌倒导致的手腕过度伸展。

肌肉长期紧张（缩短）时的常见问题
高尔夫球肘（过度使用屈肌总腱导致的肌腱炎），腕管综合征。

指浅屈肌（Flexor Digitorum Superficialis）

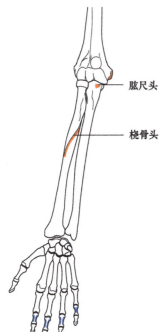

肱尺头

桡骨头

前视图

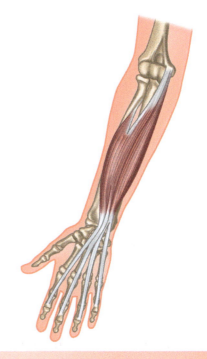

拉丁语：flectere，弯曲；digitorum，指／趾的；superficialis，表面的。

该肌肉单独构成前臂前部肌群的中层。

起点

肱尺头：肱骨内上髁屈肌总腱的长线性起点，尺骨冠突内侧缘。

桡骨头：桡骨前缘上三分之二。

止点

4个肌腱的每一个分裂为2条，每条均止于中节指骨的侧面。

作用

屈曲中节指骨。辅助屈曲腕部。

神经

正中神经 C7、C8、T1。

基本运动功能

例如，拧水龙头、打字、弹钢琴和弦乐器。

主要使用此肌肉的运动

射箭、持拍类运动、柔道、划船和攀岩等。

可能伤害此肌肉的动作或损伤

用手阻止跌倒导致的手腕过度伸展。

肌肉长期紧张（缩短）时的常见问题

高尔夫球肘（过度使用屈肌总腱导致的肌腱炎），腕管综合征。

指深屈肌（Flexor Digitorum Profundus）

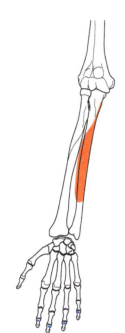

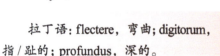

前视图

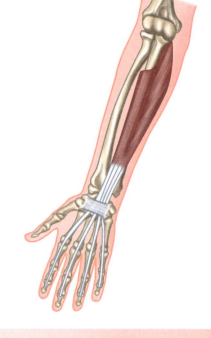

拉丁语：flectere，弯曲；digitorum，指／趾的；profundus，深的。

指深屈肌是前臂前部深层肌肉的一部分，深层肌肉还包括拇长屈肌和旋前方肌。在手掌，指深屈肌腱是蚓状肌的起点。

起点

尺骨前内表面的上三分之二，伸出至鹰嘴突内侧面；骨间膜。

止点

远节指骨底前表面。

作用

屈曲远节指骨（是唯一具有此功能的肌肉）。辅助屈曲所有该肌肉跨越的关节。

神经

第四指和第五指肌肉的内半部分：尺神经C7、C8、T1。

第二指和第三指肌肉的外半部分：正中神经C7、C8和T1骨间前支。尺神经有时支配整块肌肉。

基本运动功能

例如，提公文包。

主要使用此肌肉的运动

射箭、持拍类运动、柔道、划船和攀岩等。

可能伤害此肌肉的动作或损伤

用手阻止跌倒导致的手腕过度伸展。

肌肉长期紧张（缩短）时的常见问题

高尔夫球肘（过度使用屈肌总腱导致的肌腱炎），腕管综合征。

拇长屈肌（Flexor Pollicis Longus）

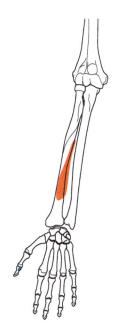

前视图

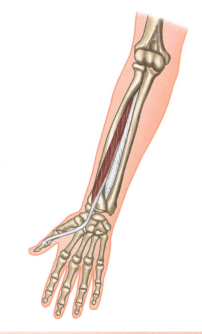

拉丁语：flectere，弯曲；pollicis，拇指的；longus，长的。

拇长屈肌是前臂前部深层肌肉的一部分，肌腱与指长屈肌肌腱一起穿过腕管。

起点
桡骨体前表面中部和骨间膜。

止点
拇指远节指骨底的掌面。

作用
屈曲拇指指间关节（唯一一块具有此功能的肌肉）。辅助屈曲掌指关节和腕掌关节。辅助屈曲腕部。

神经
正中神经 C（6）、C7、C8、T1 骨间前支。

基本运动功能
例如，用手指拾取小物体，保持紧握锤子。

主要使用此肌肉的运动
射箭、持拍类运动、柔道、划船和攀岩等。

可能伤害此肌肉的动作或损伤
用手阻止跌倒导致的手腕过度伸展。

肌肉长期紧张（缩短）时的常见问题
高尔夫球肘（过度使用屈肌总腱导致的肌腱炎），腕管综合征。

旋前方肌（Pronator Quadratus）

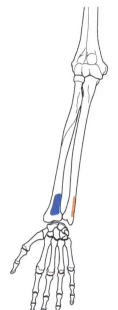

前视图

拉丁语：pronare，向前弯曲；quad-ratus，方形的。

起点
尺骨体前表面远端四分之一。

止点
桡骨体前表面远端四分之一外侧。

作用
使前臂和手旋前。使桡骨和尺骨保持在一起，从而降低桡尺远侧关节上的应力。

神经
正中神经C7、C8、T1骨间前支。

基本运动功能
例如，向下翻转手，就像将手中的物体倾倒出去时一样。

主要使用此肌肉的运动
射箭、持拍类运动、柔道、划船和攀岩等。

可能伤害此肌肉的动作或损伤
用手阻止跌倒导致的手腕过度伸展。

肌肉长期紧张（缩短）时的常见问题
高尔夫球肘（过度使用屈肌总腱导致的肌腱炎），腕管综合征。

前臂后部肌群

前臂后部有 2 组肌肉——浅表肌肉和深层肌肉。

| 强化 | 反向屈腕 | 自我拉伸 | 手掌向内前臂拉伸 |

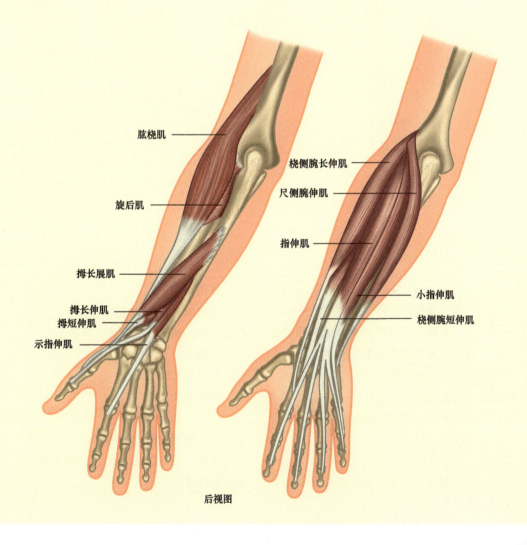

肱桡肌

旋后肌

拇长展肌

拇长伸肌
拇短伸肌

示指伸肌

桡侧腕长伸肌

尺侧腕伸肌

指伸肌

小指伸肌

桡侧腕短伸肌

后视图

肱桡肌（Brachioradialis）

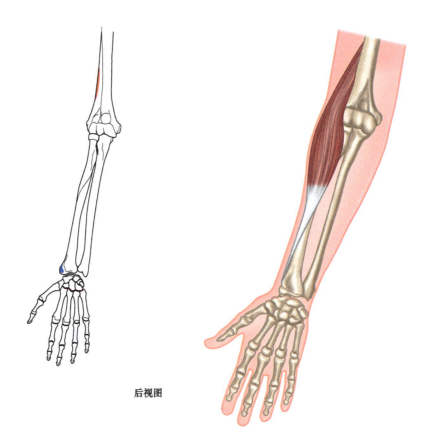

后视图

拉丁语：brachium，手臂；radius，杆子，涉及轮子的。

肱桡肌是前臂后部浅表肌肉的一部分。肱桡肌形成肘窝外侧缘。其肌腹在抵抗阻力时突出。

起点

肱骨外侧髁上嵴前部的上三分之二。

止点

桡骨外下端，紧靠茎突上部。

作用

屈曲肘关节。当前臂的旋前、旋后受阻时，辅助前臂旋前、旋后。

神经

桡神经 C5、C6。

基本运动功能

例如，转动开瓶器。

主要使用此肌肉的运动

棒球、板球、高尔夫、持拍类运动和划船等。

桡侧腕长伸肌（Extensor Carpi Radialis Longus）

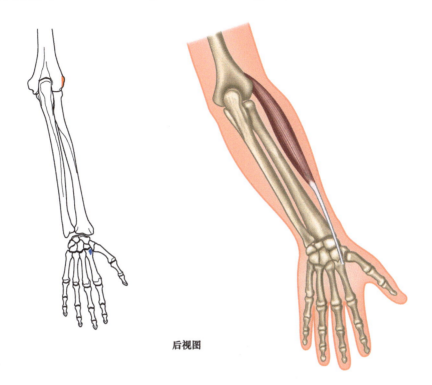

后视图

拉丁语：extendere，伸展；carpi，腕的；radius，杆子，涉及轮子的；longus，长的。

桡侧腕长伸肌是前臂后部浅表肌肉的一部分。该肌肉纤维常与肱桡肌纤维混合。

起点

肱骨外侧髁上嵴下（远端）三分之一。

止点

第二掌骨底背侧面，桡骨侧。

作用

伸展和外展腕部，辅助肘部屈曲。

神经

桡神经 C5、C6、C7、C8。

基本功能运动

例如，揉面团、打字。

主要使用此肌肉的运动

羽毛球中的反手、高尔夫和摩托车运动（油门控制）等。

可能伤害此肌肉的动作或损伤

跌倒时手扶地面，导致手腕过度屈曲。

肌肉长期紧张（缩短）时的常见问题

网球肘（过度使用肱骨外上髁伸肌总腱导致的肌腱炎）。

桡侧腕短伸肌（Extensor Carpi Radialis Brevis）

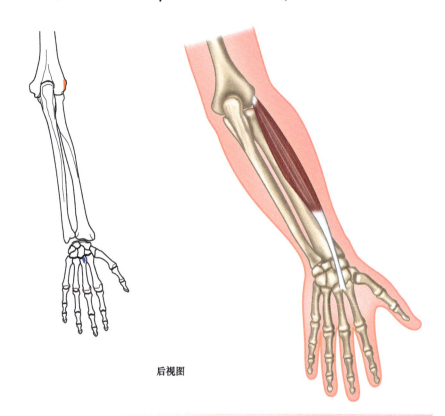

后视图

拉丁语：extendere，伸展；carpi，腕的；radius，杆子，涉及轮子的；brevis，短的。

桡侧腕短伸肌是前臂后部浅表肌肉的一部分。该肌肉常在其起点处与桡侧腕长伸肌融合。

起点
肱骨外上髁伸肌总腱。

止点
第三掌骨背侧面。

作用
伸展腕部。辅助腕部外展。

神经
桡神经 C5、C6、C7、C8。

基本运动功能
例如，揉面团、打字。

主要使用此肌肉的运动
羽毛球中的反手、高尔夫和摩托车运动（油门控制）等。

可能伤害此肌肉的动作或损伤
跌倒时手扶地面，导致手腕过度屈曲。

肌肉长期紧张（缩短）时的常见问题
网球肘（过度使用肱骨外上髁伸肌总腱导致的肌腱炎）。

指伸肌（Extensor Digitorum）

后视图

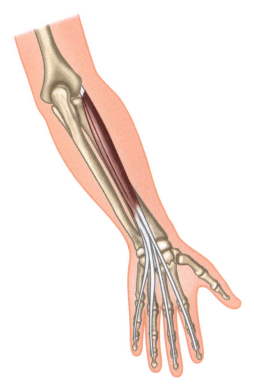

拉丁语：extendere，伸展；digitorum，指/趾的。

指伸肌是前臂后部浅表组的一部分。每条指伸肌的肌腱跨越每个掌指关节，形成一个三角形膜片，称为伸肌腱帽或伸指肌腱扩张部，手部的蚓状肌和骨间肌、小指伸肌及示指伸肌止于此。

起点

肱骨外上髁伸肌总腱。

止点

除拇指外四指的所有指骨的背侧面。

作用

伸展除拇指外四指（掌指关节和指间关节）。辅助除拇指外四指向远离第三指的方向外展（分开）。

神经

桡神经 C6、C7、C8 深支（骨间后神经）。

基本运动功能

例如，使拿在手里的物体离开。

可能伤害此肌肉的动作或损伤

跌倒时手扶地面，导致手腕过度屈曲。

肌肉长期紧张（缩短）时的常见问题

网球肘（过度使用肱骨外上髁伸肌总腱导致的肌腱炎）。

小指伸肌（Extensor Digiti Minimi）

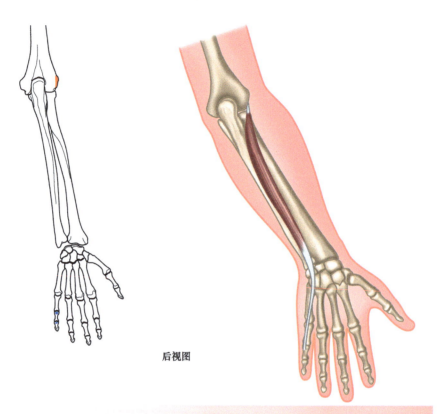

后视图

拉丁语：extendere，伸展；digiti，
指 / 趾；minimi，最小的。

起点

肱骨外上髁伸肌总腱。

止点

小指的伸指肌腱扩张部和指伸肌

肌腱。

作用

伸展小指。

神经

深层桡骨（骨间后）神经 C6、
C7、C8。

尺侧腕伸肌（Extensor Carpi Ulnaris）

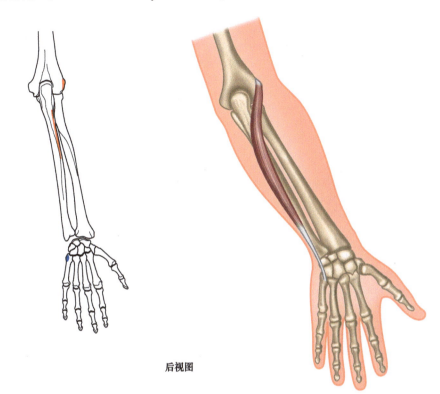

后视图

拉丁语：extendere，伸展；carpi，腕的；ulnaris，与肘（臂）有关的。

尺侧腕伸肌是前臂后部浅表肌肉的一部分，浅表肌肉还有肱桡肌、桡侧腕长伸肌、桡侧腕短伸肌、指伸肌、小指伸肌。

起点
肱骨外上髁伸肌总腱，尺骨中后缘的腱膜。

止点
第五掌骨底内侧。

作用
伸展和内收腕部。

神经
桡神经 C6、C7、C8 深支（骨间后神经）。

基本运动功能
例如，擦窗户。

主要使用此肌肉的运动
羽毛球中的反手、高尔夫和摩托车运动（油门控制）等。

可能伤害此肌肉的动作或损伤
跌倒时手扶地面，导致手腕过度屈曲。

肌肉长期紧张（缩短）时的常见问题
网球肘（过度使用肱骨外上髁伸肌总腱导致的肌腱炎）。

旋后肌（Supinator）

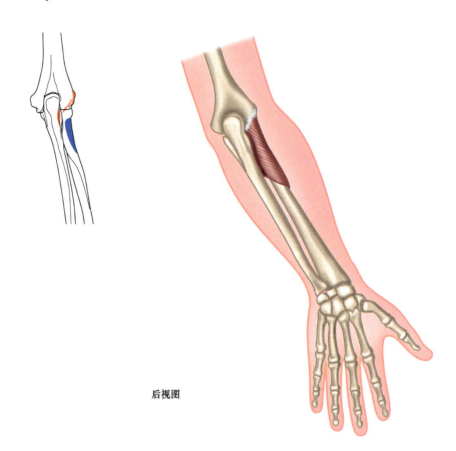

后视图

拉丁语：supinus，仰卧。

旋后肌是前臂后部深层肌肉的一部分。浅表肌肉几乎完全掩盖了旋后肌。

起点

肱骨外上髁。肘关节桡侧（外侧）副韧带。桡尺近侧关节环状韧带。尺骨旋后肌嵴。

止点

桡骨上三分之一背侧和外侧面。

作用

使前臂旋后（它可能是主要的原动肌，肱二头肌为协同肌）。

神经

骨间后神经，即桡神经 C5、C6、C（7）深支的延续部分。

基本运动功能

例如，转动门把手或螺丝刀。

主要使用此肌肉的运动

持拍类运动中的反手。

拇长展肌（Abductor Pollicis Longus）

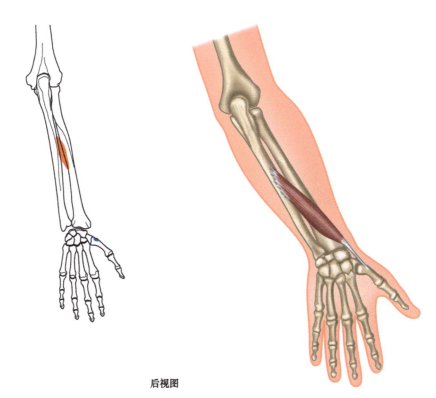

后视图

拉丁语：abducere，使远离；pollicis，拇指的；longus，长的。

拇长展肌是前臂后部深层肌肉的一部分，但其在前臂远端处于较浅表的位置。

起点

尺骨体后表面，旋后肌起点的远端。骨间膜。桡骨体中三分之一后表面。

止点

第一掌骨底桡侧（外侧）。

作用

牵引拇指的掌骨至伸展和外展的中间位置（肌腱在此运动中突出）。外展腕部并辅助其屈曲。

神经

桡神经 C6、C7、C8 深支（骨间后神经）。

基本运动功能

例如，松开拿着的扁平物体。

拇短伸肌（Extensor Pollicis Brevis）

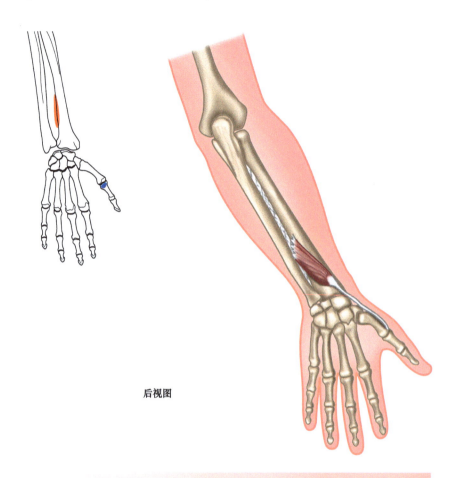

后视图

拉丁语：extendere，伸展；pollicis，拇指的；brevis，短的。

前臂后部深层肌肉的一部分。拇短伸肌紧附在拇长展肌远端。

起点

桡骨后表面，拇长展肌起点的远端。骨间膜邻近部分。

止点

拇指近节指骨底背侧面表面。

作用

伸展拇指。外展腕部。

神经

桡神经 C6、C7、C8 深支（骨间后神经）。

基本运动功能

例如，松开拿着的扁平物体。

拇长伸肌（Extensor Pollicis Longus）

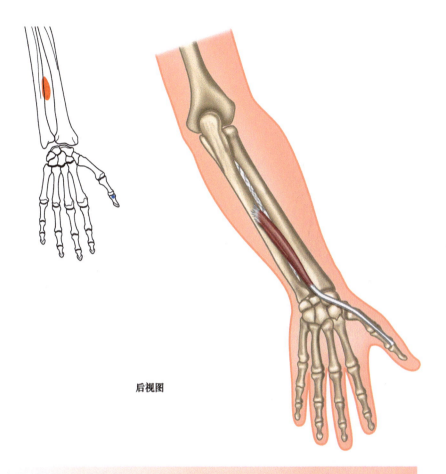

后视图

拉丁语：extendere，伸展；pollicis，拇指的；longus，长的。

前臂后部深层肌肉的一部分。拇长伸肌肌腱形成称作"鼻烟窝"的三角形凹陷后缘，位于手背处，远离桡骨远端。

起点
尺骨后表面中三分之一。骨间膜。

止点
拇指远节指骨底背侧面。

作用
伸展拇指。辅助伸展和外展腕关节。

神经
桡神经 C6、C7、C8 深支（骨间后神经）。

基本运动功能
例如，做"竖起拇指"动作。

示指伸肌（Extensor Indicis）

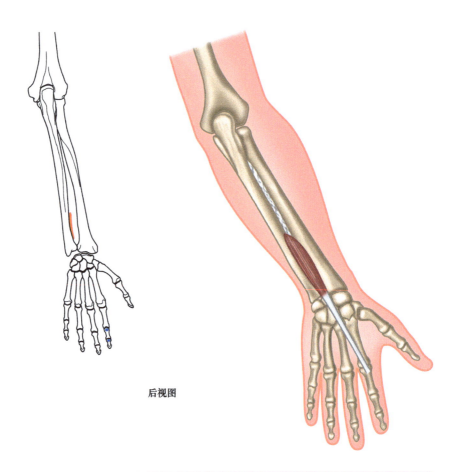

后视图

拉丁语：extendere，伸展；indicis，食指的。

起点

尺骨后表面。邻近的骨间膜。

止点

示指近节指骨背部伸指肌腱扩张部。

作用

伸展食指。

神经

桡神经 C6、C7、C8 深支（骨间后神经）。

基本运动功能

例如，指向某物。

手部肌群

手部肌肉可分组为：1）手固有肌，包括蚓状肌及骨间掌侧和背侧肌；2）小鱼际肌群；3）大鱼际肌群；4）拇收肌和掌短肌。

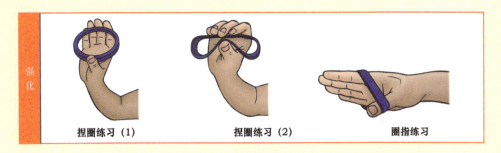

捏圈练习（1）　　　　　　捏圈练习（2）　　　　　　圈指练习

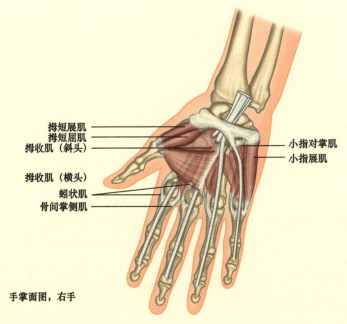

拇短展肌
拇短屈肌
拇收肌（斜头）

拇收肌（横头）
蚓状肌
骨间掌侧肌

小指对掌肌
小指展肌

手掌面图，右手

手指拉伸　　　　　　　　掌向外前臂拉伸　　　　　　拇指拉伸

蚓状肌（Lumbricales）

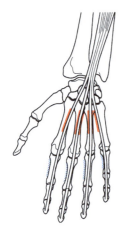

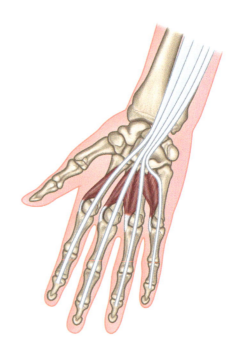

掌视图，右手

拉丁语：lumbricus，蚯蚓。

四条小圆柱形肌肉，每根手指一条，因其形状而得名"蚯蚓"。

起点

手掌指深屈肌肌腱。

止点

指伸肌相应肌腱的外侧（桡侧），在相应手指的背侧。

作用

伸展指骨间关节，同时屈曲手指的掌指关节。

神经

各不相同，通常如下。

外侧蚓状肌（第一和第二）：正

中神经C（6）、C7、C8、T1。

内侧蚓状肌（第三和第四）：尺神经C（7）、C8、T1。不过，由尺神经支配的蚓状肌数量可以增加到4条或减少到1条。

基本运动功能

例如，手部呈杯状。

主要使用此肌肉的运动

排球和手球等。

肌肉慢性紧张（缩短）时的常见问题

爪形手。指间关节无法像在进行攀岩运动时那样保持屈曲。

骨间掌侧肌（Palmar Interossei）

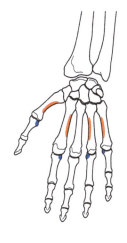

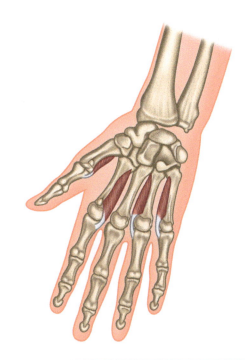

掌视图，右手

拉丁语：palmaris，与掌有关的；interosseus，骨间。

4块骨间掌侧肌位于掌骨间隙。每块肌肉均起自其作用的手指掌骨。

起点

第1块：第一掌骨底内（尺）侧。

第2块：第二掌骨体内（尺）侧。

第3块：第四掌骨体外（桡）侧。

第4块：第五掌骨体外（桡）侧。

止点

主要止于各手指的伸指肌腱扩张部，还可能按如下方式止于近节指骨。

第1块：拇指近节指骨内（尺）侧。

第2块：第二指近节指骨内（尺）侧。

第3块：第四指近节指骨外（桡）侧。

第4块：第五指近节指骨外（桡）侧。

作用

向第三指方向内收（汇聚）拇指和其余四指。辅助手指在掌指关节处屈曲。

神经

尺神经C8、T1。

基本运动功能

例如，使手部呈杯状，以把水保留在掌中一样（即喝手掌中的水）。

主要使用这些肌肉的运动

攀岩等。

注意：拇指通常缺少骨间掌侧肌。

骨间背侧肌（Dorsal Interossei）

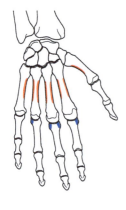

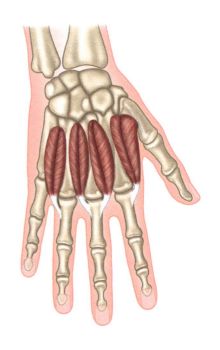

背侧视图，右手

拉丁语：dorsalis，与背部有关的；interosseus，骨间的。

4 块骨间背侧肌的大小约是骨间掌侧肌的 2 倍。

起点

每块肌肉通过 2 个头起自掌骨邻近侧。因此，每块骨间背侧肌占据相邻掌骨的间隙。

止点

止于各手指的伸指肌腱扩张部和近节指骨，如下所示。

第 1 块：第二指外（桡）侧，主要是近节指骨底。

第 2 块：第三指外（桡）侧。

第 3 块：第三指内（尺）侧，主要是伸指肌腱扩张部。

第 4 块：第四指内（尺）侧。

作用

使手指向远离第三指的方向外展。辅助手指在掌指关节处屈曲。

神经

尺神经 C8、T1。

基本运动功能

例如，就像表示数字 2～4 时那样，使手指分开。

主要使用这些肌肉的运动

攀岩等。

小指展肌（Abductor Digiti Minimi）

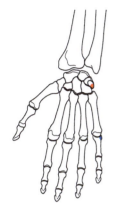

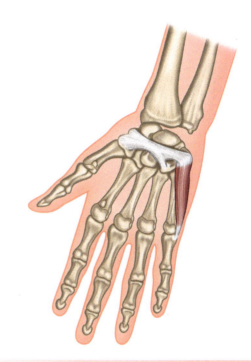

掌视图，右手

拉丁语：abducere，使远离；digiti，指 / 趾；minimi，最小的。

小指展肌是小鱼际隆起最浅表的肌肉；其他肌肉还包括小指短屈肌和小指对掌肌。

起点

豌豆骨。尺侧腕屈肌肌腱。

止点

小指近节指骨底尺侧（内侧）。

作用

外展小指；该肌肉在手指分开抓取大物体时起作用，非常有力。

神经

尺神经 C（7）、C8、T1。

基本运动功能

例如，拿着一个大球。

主要使用此肌肉的运动

攀岩、篮球和无板篮球等。

小指对掌肌（Opponens Digiti Minimi）

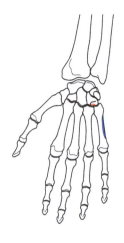

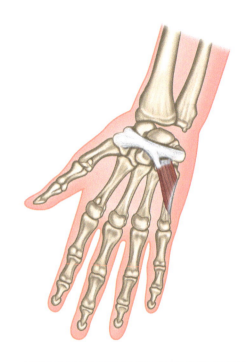

掌视图，右手

拉丁语：opponens，相反的；digiti，指 / 趾；minimi，最小的。

小指对掌肌是小鱼际隆起的一部分，位于小指展肌深部。

起点
钩骨钩。屈肌支持带前表面。

止点
第五掌骨内侧（尺侧）缘全长。

作用
向前牵拉小指掌骨，并使其外旋，从而使手掌呈中空状，小指与拇指接触。

神经
尺神经 C（7）、C8、T1。

基本运动功能
例如，在指尖（连同另一个指尖）夹一根丝线。

主要使用此肌肉的运动
排球、手球和攀岩等。

当肌肉长期紧张（缩短）时的常见问题
跌倒时手部尺侧触地，导致小指过度外展（小指对掌肌）或过度伸展（小指短屈肌）。

小指短屈肌（Flexor Digiti Minimi Brevis）

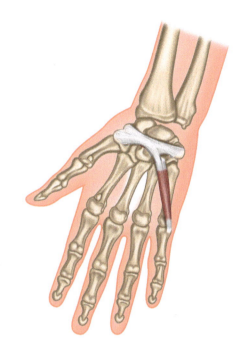

掌视图，右手

拉丁语：flectere，屈曲；digiti，指/趾；minimi，最小的；brevis，短的。

小指短屈肌是小鱼际隆起的一部分。它可能缺失或与邻近肌肉融合。

起点
钩骨钩。屈肌支持带前表面。

止点
小指近节指骨底尺侧（内侧）。

作用
在掌指关节处屈曲小指。

神经
尺神经 C（7）、C8、T1。

基本运动功能
例如，在指尖（连同另一个指尖）夹一根丝线。

主要使用此肌肉的运动
排球、手球和攀岩等。

当肌肉长期紧张（缩短）时的常见问题
跌倒时手部尺侧触地，导致小指过度外展（小指对掌肌）或过度伸展（小指短屈肌）。

拇短展肌（Abductor Pollicis Brevis）

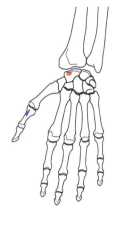

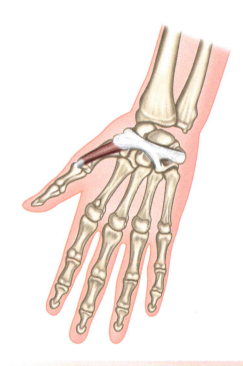

掌视图，右手

拉丁语：abducere，使远离；pollicis，拇指的，brevis，短的。

拇短展肌是大鱼际隆起最浅表的肌肉，其他肌肉还包括拇短屈肌和拇对掌肌。

起点

屈肌支持带。大多角骨结节。舟骨结节。

止点

拇指近节指骨底桡侧。

作用

外展拇指，并使其向前移动（就像打字或弹钢琴时那样）；辅助拇指进行反向运动。

神经

正中神经 C6、C7、C8、T1。

基本运动功能

例如，打字。

主要使用此肌肉的运动

攀岩等。

拇对掌肌（Opponens Pollicis）

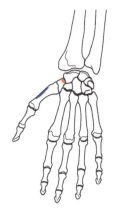

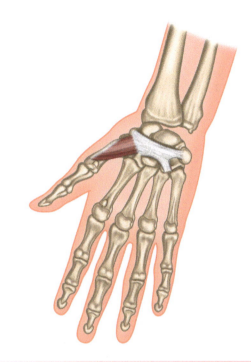

掌视图，右手

拉丁语：opponens，反对的；pollicis，拇指的。

拇对掌肌是大鱼际隆起的一部分。它通常与拇短屈肌部分融合，位于拇短展肌深部。

起点

屈肌支持带。大多角骨结节。

止点

第一掌骨桡侧缘全长。

作用

使拇指进行反向运动（即外展，再轻微内旋，然后屈曲和内收），牵引拇指，使之与其他手指接触。

神经

正中神经 C6、C7、C8、T1。

基本运动功能

例如，用拇指和其他手指捡起小物体。

主要使用此肌肉的运动

攀岩、骑摩托车（离合器和油门控制）等。

可能伤害此肌肉的动作或损伤

跌倒后手触地，导致拇指过度伸展（不常见）。

拇短屈肌（Flexor Pollicis Brevis）

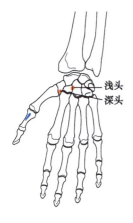

浅头
深头

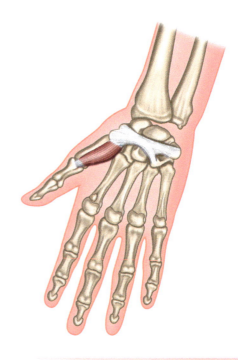

掌视图，右手

拉丁语：flectere，屈曲；pollicis，拇指的；brevis，短的。

起点

浅头：屈肌支持带、大多角骨。

深头：小多角骨、头状骨。

止点

拇指近节指骨底桡侧。

作用

屈曲拇指掌指关节和腕掌关节，辅助拇指向小指进行反向运动。

神经

浅头：正中神经 C6、C7、C8、T1。

深头：尺神经 C8、T1。

基本运动功能

例如，用拇指和其他手指拿着一根丝线。

主要使用此肌肉的运动

攀岩、骑摩托车（离合器和油门控制）等。

可能伤害此肌肉的动作或损伤

跌倒后手触地，导致拇指过度伸展（不常见）。

拇收肌（Adductor Pollicis）

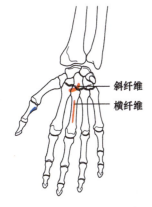

斜纤维
横纤维

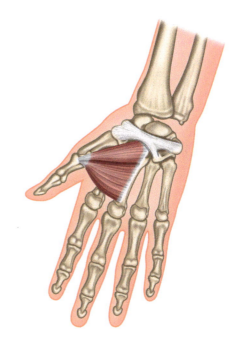

掌视图，右手

拉丁语：abducere，使远离；pollicis，拇指的。

起点

斜纤维：第二和第三掌骨前表面、头状骨和小多角骨。

横纤维：第三掌骨掌侧面。

止点

拇指近节指骨底尺侧（内侧）。

作用

内收拇指。

神经

尺神经 C8、T1 深支。

基本运动功能

例如，抓握果酱罐盖子并将其拧紧。

主要使用此肌肉的运动

攀岩等。

可能伤害此肌肉的动作或损伤

跌倒后手触地，导致拇指过度伸展（不常见）。

掌短肌（Palmaris Brevis）

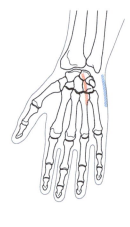

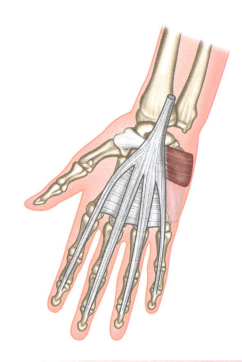

掌视图，右手

拉丁语：palmaris，与掌有关的；brevis，短的。

位于小鱼际隆起上的皮下小肌肉。

起点

掌腱膜。屈肌支持带。

止点

手部尺侧缘皮肤。

作用

使手部尺侧缘皮肤起皱纹。

神经

尺神经 C（7）、C8、T1。

8 髋部和大腿肌群

髋部和臀部由许多大肌肉（如臀大肌）和小肌肉（如梨状肌）构成；这些肌肉主要负责稳定髋部和下肢的运动。臀部和髋部周围的肌肉，连同髋关节的结构，使下肢能够进行大幅度运动，包括屈曲、伸展、内收、外展和旋转。

臀部主要由臀大肌、臀中肌、臀小肌构成。**臀大肌**是臀部肌群最大和最浅表的肌肉。臀大肌有助于髋部有力伸展，以进行爆发性的活动，如短跑。

髋外展肌（阔筋膜张肌、臀中肌和臀小肌）位于大腿侧面（外侧）和骨盆后面。它们源自骨盆顶部外侧缘，向下延伸至大腿外侧，附着于胫骨外侧。髋外展肌的主要作用是使髋关节外展（远离中线）和内旋。

阔筋膜张肌位于臀大肌前部，大腿前外侧。它是大腿上的浅表肌，在单腿站立时保持骨盆水平并稳定膝盖；它也辅助屈曲髋关节。阔筋膜张肌缩短可导致膝盖疼痛加剧。

臀中肌大多被臀大肌掩盖，位于臀大肌深面，却可见于臀大肌和阔筋膜张肌之间的骨盆表面。臀中肌在行走过程中与**臀小肌**一起防止骨盆向非承重腿方向下沉。臀中肌紧张时，骨盆失衡，导致髋部、下背部和膝盖疼痛。

臀小肌位于臀中肌深面，被臀中肌纤维掩盖。臀小肌如其名称一样是臀部肌群中最小的一块肌肉。与臀中肌一样，臀小肌紧张时，骨盆失衡。

六块深层回旋肌（梨状肌、上孖肌、下孖肌、闭孔内肌、闭孔外肌和股方肌）位于臀肌下部，是髋部最小的肌群，主要负责使髋关节外旋。

梨状肌是一块小的管状肌肉，起于骶骨前表面，止于股骨大转子上缘（后转子线），穿过坐骨大孔，离开骨盆。该肌肉辅助股骨在髋关节处外旋和在髋部固定时内收大腿，还辅助股骨头保持在髋臼内。

上孖肌和**下孖肌**（孖肌）是小而窄的肌肉，自坐骨部位至股骨大转子。它们几乎水平地横跨关节。

闭孔内肌位于两块孖肌之间，源自骨盆及髂骨下部，其在前者的宽阔起点被称为闭孔。除作为外旋肌外，它还是髋部有力的稳定肌。

闭孔外肌是髋部理想的回旋肌。它从闭孔下端穿过股骨颈，附着于股骨大转子的内侧。它的牵引线使股骨头在骨盆窝内向外转，产生外旋动作。

股方肌是最下（最低）的深层回旋肌；它是一块短肌，几乎水平地自坐骨结节上部至股骨（在臀皱褶高度）。

腘绳肌是由3块独立的肌肉构成的

219

大肌群，位于大腿后部（背面）。这些肌肉源自坐骨结节底部，延伸至膝盖下面，共同伸展髋关节和屈曲膝关节。在跑步期间，腘绳肌使腿部在向前摆动的末期减速，并防止躯干在髋关节处屈曲。

腘绳肌的 3 块肌肉自内向外分别为半膜肌、半腱肌和股二头肌。**股二头肌**是腘绳肌中最大的肌肉，有 2 个头，分别为长头和短头；长头横跨髋关节并影响其运动。**半膜肌**和**半腱肌**协同作用，即两者的作用相同；不过，两者作用也可相反，使胫骨 - 腓骨复合体内旋或外旋。

髋内收肌是位于大腿内侧的大肌群。它们源自髋骨底部，向下延伸至大腿内侧，附着于股骨内侧或后侧。

耻骨肌是最浅表的内收肌，其主要作用是内收或使大腿向身体中线方向运动。**股薄肌**源于耻骨联合向下至膝盖以下部位。该肌肉位于大腿内侧的浅表层，其力量相对较弱，作用于膝关节及髋关节。

浅表的 3 块髋内收肌分别名为**大收肌**、**短收肌和长收肌**。有些解剖学者还将最小收肌也包括在内。该肌群始于骨盆耻骨区前部，附着于股骨内侧。大收肌是这 3 者中最大的，覆盖了大腿内侧最宽的区域。

尽管髋内收肌的主要作用是在髋关节处内收（向中线牵引）股骨，但多数肌肉也旋转股骨。耻骨肌和股薄肌使股骨内旋，短收肌和大收肌使股骨外旋。

所有的髋内收肌在下肢承重时起稳定下肢及骨盆的作用。

股四头肌是大肌肉群，是下肢肌肉中最发达的肌群，位于大腿前部（前面）。这些肌肉源自髋关节上部，延伸至膝盖以下。股四头肌的主要作用是伸展膝关节。不过，股四头肌与髋前部的许多其他肌肉协同，也可以使髋关节屈曲。

股直肌是股四头肌的一部分，股四头肌还包括股肌群（股外侧肌、股内侧肌和股中间肌）。这块梭状的双羽状肌有 2 个起点头：在四足动物中，反射头在肌拉力线上，而人体发展出直立头似乎是直立姿势造成的结果。

股四头肌在由坐姿转为站姿、行走和攀爬时使膝关节伸直。**股肌群**只横跨膝盖，可以限制膝关节伸展或抵抗膝关节屈曲；它们通过舒张控制坐下的动作。**股内侧肌**（也被称为泪滴肌）比**股外侧肌**更大、更粗壮。**股中间肌**是股四头肌最深的部分，其前部有一层膜状的肌腱，使股中间肌与覆于其上的股直肌之间能产生滑动。股四头肌肌腱附着并覆于髌骨之上，其在膝下成为髌骨肌腱部，附着于胫骨。

缝匠肌是大腿前部 / 内侧最浅表的肌肉；它也是人体最长的带状肌肉。该肌肉上三分之一的内缘形成股三角的外缘（长收肌形成内缘，腹股沟韧带形成上缘）。缝匠肌的作用是使下肢呈裁缝的盘腿坐姿（其名称源自拉丁语）。

臀部肌群

臀部的体积主要是由臀大肌形成的，它是最大的和最浅表的肌肉，位于较小肌肉（臀中肌和臀小肌）的外面。阔筋膜张肌作为该肌群最前侧的肌肉也被包括在内。尽管其他肌肉（如孖肌、股方肌、闭孔内肌和梨状肌）有时也包括在臀部肌群之中，但本书会在"髋部回旋肌群"（第226页）一节中对其进行论述。

强化

负重早安式　　　　　　　侧卧抬腿　　　　　　　单腿臀桥抬高保持

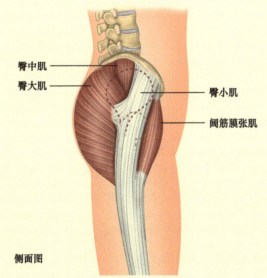

臀中肌
臀大肌
臀小肌
阔筋膜张肌

侧面图

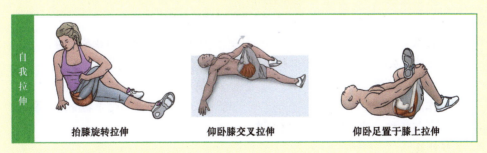

自我拉伸

抬膝旋转拉伸　　　　仰卧膝交叉拉伸　　　　仰卧足置于膝上拉伸

臀大肌（Gluteus Maximus）

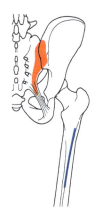

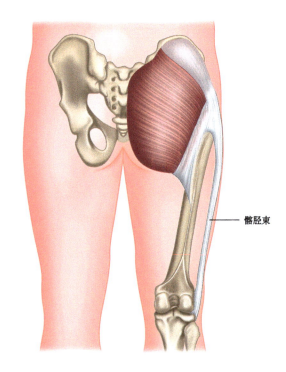

髂胫束

后视图

希腊语：gloutos，臀部。拉丁语：maximus，最大的。

臀大肌是人体最重的肌肉，其肌纤维最粗大。

起点

髂骨外表面，在臀线的后部及部分骨的上层和后部。骶骨和尾骨的相邻后表面。骶结节韧带。竖脊肌腱膜。

止点

远端深层肌纤维：股骨臀肌粗隆。

其余肌纤维：髂胫束。

作用

上部纤维：外旋髋关节；辅助髋关节外展。

下部纤维：伸展和外旋髋关节（用力伸展，像在跑步或自坐姿起身时）；伸展躯干；辅助髋关节内收。

通过插入髂胫束，臀大肌有助于稳定伸膝动作。

神经

臀下神经 L5、S1、S2。

基本运动功能

例如，上楼梯，自坐姿起身。

主要使用此肌肉的运动

跑步、冲浪、跳跃和举重（"翻起"期，即从地面抬起重物阶段）等。

阔筋膜张肌（Tensor Fasciae Latae）

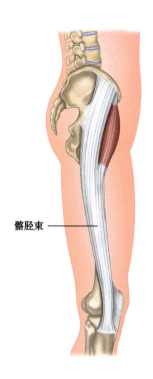

髂胫束

后视图，右腿

　　拉丁语：tendere，拉伸，牵引；fasciae，带的；latae，宽阔的。

　　该肌肉位于臀大肌前部，髋部外侧。

起点
　　髂嵴外唇前部，髂前上棘外表面。

止点
　　正好在大转子水平以下位置连接髂胫束。

作用
　　屈曲、外展和内旋髋关节。收紧阔筋膜张肌，从而稳定膝关节。将臀大肌产生的旋转力重新定向。

神经
　　臀上神经 L4、L5、S1。

基本运动功能
　　例如，行走。

主要使用此肌肉的运动
　　骑马、跨栏和滑水等。

肌肉长期紧张（缩短）时的常见问题
　　骨盆失衡，导致髋部、下背部和膝盖外侧疼痛。

臀中肌（Gluteus Medius）

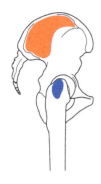

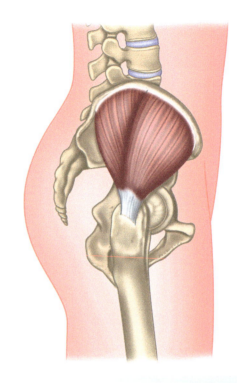

侧视图，右腿

希腊语：gloutos，臀部；拉丁语：medius，中间的。

臀中肌虽然被臀大肌掩盖，位于其深面，但可出现在臀大肌和阔筋膜张肌之间的表面上。在行走过程中，臀中肌与臀小肌共同防止骨盆向非承重腿方向下沉。

起点
髂骨下嵴外表面，前后臀线之间。

止点
股骨大转子外表面的斜嵴。

作用
外展髋关节。前部纤维内旋并辅助屈曲髋关节。后部肌纤维轻微外旋髋关节。

神经
臀上神经 L4、L5、S1。

基本运动功能
例如，侧向横跨物体。

主要使用此肌肉的运动
需要侧向横跨的所有运动，特别是越野滑雪和滑冰等。

肌肉长期紧张（缩短）时的常见问题
骨盆失衡，导致髋部、下背部和膝盖疼痛。

臀小肌（Gluteus Minimus）

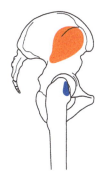

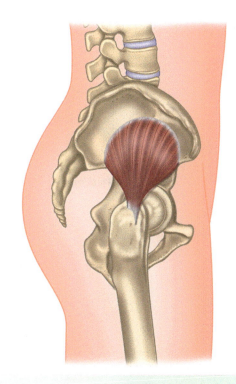

侧视图，右腿

希腊语：gloutos，臀部；拉丁语：minimus，最小的。

臀小肌位于臀中肌前下部和深面。

起点

髂骨外表面，臀前线和臀下线之间。

止点

股骨大转子前缘。

作用

外展和内旋髋关节，辅助髋关节屈曲。

神经

臀上神经 L4、L5、S1。

基本功能运动

例如，侧向横跨物体。

主要使用此肌肉的运动

需要侧向横跨的所有运动，特别是越野滑雪和滑冰等。

肌肉长期紧张（缩短）时的常见问题

骨盆失衡，导致髋部、下背部和膝盖疼痛。

髋部回旋肌群

　　髋部回旋肌群相对较小，源自骶骨和／或骨盆内表面，插入或靠近股骨大转子。它们均有助于髋关节外旋。髋部回旋肌群（特别是梨状肌和闭孔内肌）的作用与肩关节的肩袖肌群类似，有助于将股骨头保持在髋臼内。

强化	臀部等长挤压	低位滑轮髋外展	阻力带外展侧步

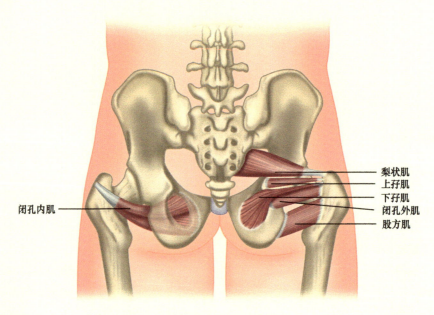

闭孔内肌

梨状肌
上孖肌
下孖肌
闭孔外肌
股方肌

自我拉伸	俯卧屈膝髋部拉伸	站立腿靠膝臀部拉伸	站立屈膝腿髋部拉伸

梨状肌（Piriformis）

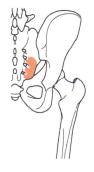

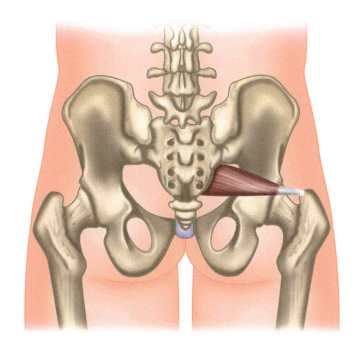

后视图

拉丁语：pirum，梨子；forma，形状。

梨状肌穿过坐骨大孔离开骨盆。

起点

骶骨内表面。骶结节韧带。

止点

股骨大转子上缘。

作用

外旋髋关节。当髋关节屈曲时外展大腿。帮助股骨头保持在髋臼内。

神经

腰神经 L（5）和骶神经 S1、S2 的腹侧支。

基本运动功能

例如，把第一条腿从车里迈出来。

主要使用此肌肉的运动

游泳（蛙泳）和足球等。

肌肉长期紧张（缩短）时的常见问题

梨状肌张力亢进可能挤压坐骨神经，导致梨状肌综合征，即始于臀部的坐骨神经痛。

闭孔内肌（Obturator Internus）

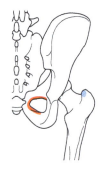

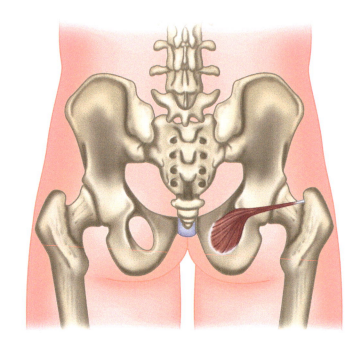

后视图

拉丁语：obturare，阻塞；internus，内部的。

闭孔内肌与两块孖肌就功能而言密切相关。它穿过坐骨小孔离开骨盆。

起点

闭孔膜内表面和闭孔缘。坐骨、耻骨和髂骨内表面。

止点

股骨大转子内侧面，转子窝之上。

作用

外旋髋关节。当髋部屈曲时外展大腿。帮助股骨头保持在髋臼内。

神经

闭孔肉肌神经，腰神经 L5 和骶神经 S1、S2 的腹支。

基本运动功能

例如，把第一条腿从车里迈出来。

主要使用此肌肉的运动

游泳（蛙泳）和足球等。

肌肉长期紧张（缩短）时的常见问题

站立时双脚向外转。

闭孔外肌（Obturator Externus）

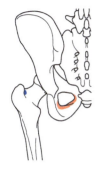

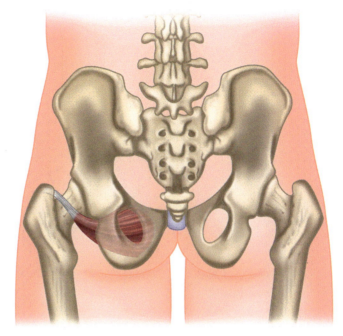

后视图

拉丁语：obturare，阻塞；externus，外的。

起点
耻骨和坐骨分支。闭孔膜外表面。

止点
股骨转子窝。

作用
外旋髋关节。辅助髋关节内收。

神经
闭孔神经 L3、L4 的后支。

基本运动功能
例如，使脚跟并紧，呈"军姿"。

主要使用此肌肉的运动
游泳（蛙泳）和足球等。

肌肉长期紧张（缩短）时的常见问题
站立时双脚向外转。

下孖肌（Gemellus Inferior）

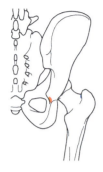

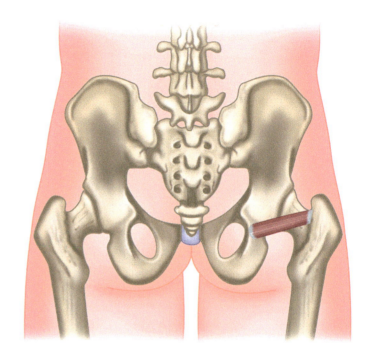

后视图

拉丁语：gemellus，孪生的 / 双的；inferior，下的。

起点

坐骨结节上缘。

止点

随着闭孔内肌肌腱进入股骨大转子内表面。

作用

辅助闭孔内肌外旋髋关节，以及在髋部屈曲时外展大腿。

神经

股方肌神经分支和腰骶丛分支 L4、L5、S1、S（2）。

基本运动功能

例如，把第一条腿从车里迈出来。

主要使用此肌肉的运动

游泳（蛙泳）和足球等。

肌肉长期紧张（缩短）时的常见问题

站立时双脚向外转。

上孖肌（Gemellus Superior）

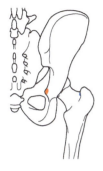

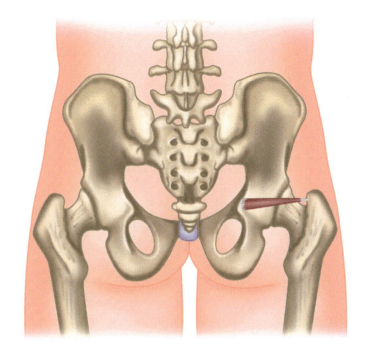

后视图

拉丁语：gemellus，孪生的 / 双的；superior，上的。

两块孖肌都是闭孔内肌的附属结构，提供了来自较少的坐骨切迹的额外起点。

起点

坐骨棘外表面。

止点

随着闭孔内肌肌腱止于股骨大转子内表面。

作用

辅助闭孔内肌外旋髋关节，以及在髋部屈曲时外展大腿。

神经

闭孔内肌神经，腰神经 L5 和骶神经 S1、S2 的腹支。

基本运动功能

例如，把第一条腿从车里迈出来。

主要使用此肌肉的运动

游泳（蛙泳）和足球等。

肌肉慢性紧张（缩短）时的常见问题

站立时双脚向外转。

股方肌（Quadratus Femoris）

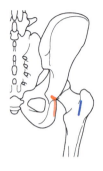

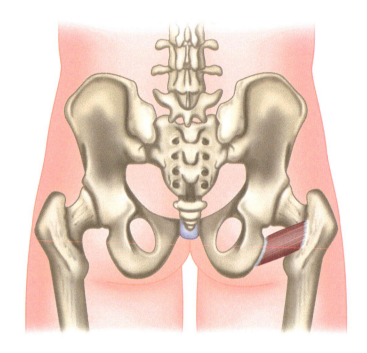

后视图

拉丁语：quadratus，方的；femoris，大腿的。

股方肌常与下孖肌和大收肌上部纤维（或二者之一）融合。

起点
坐骨结节外缘。

止点
在转子间嵴以下向远端延伸的股方肌线。

作用
外旋髋关节。

神经
股方肌神经，腰骶丛 L4、L5、S1、S（2）的分支。该神经还支配下孖肌。

基本运动功能
例如，把第一条腿从车里迈出来。

主要使用此肌肉的运动
游泳（蛙泳腿）和足球等。

肌肉长期紧张（缩短）时的常见问题
站立时双脚向外转。

大腿肌群

大腿肌群大致分为 3 组：后侧、内侧和前侧。大腿后侧由腘绳肌构成，相当于上肢的肘屈肌。大腿内侧由内收肌构成，相当于上肢的喙肱肌。尽管闭孔外肌也可归入此肌群，但其已包括在"髋部回旋肌群"（第 226 页）内。大腿前侧肌群包括缝匠肌和股四头肌，此肌群相当于上肢的肱三头肌。

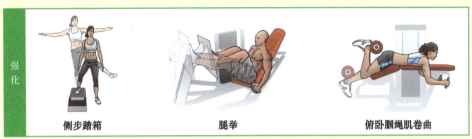

强化

| 侧步踏箱 | 腿举 | 俯卧腘绳肌卷曲 |

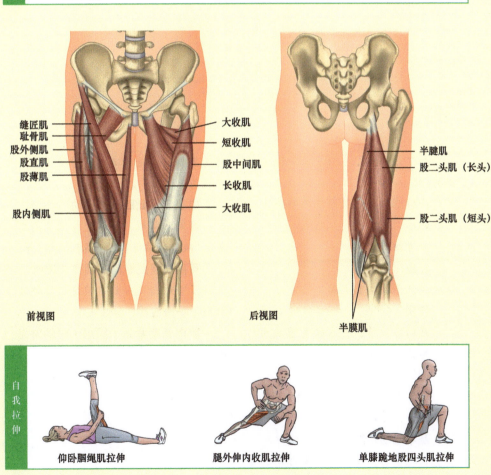

前视图

缝匠肌
耻骨肌
股外侧肌
股直肌
股薄肌
股内侧肌

大收肌
短收肌
股中间肌
长收肌
大收肌

后视图

半腱肌
股二头肌（长头）
股二头肌（短头）
半膜肌

自我拉伸

| 仰卧腘绳肌拉伸 | 腿外伸内收肌拉伸 | 单膝跪地股四头肌拉伸 |

半腱肌（Semitendinosus）

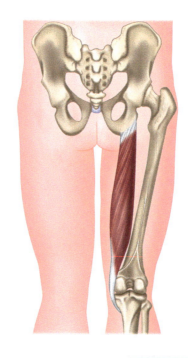

后视图

拉丁语：semi，一半的；tendinosus，腱的。

半腱肌是腘绳肌的中央部分。

起点
坐骨结节。

止点
胫骨干内表面上端。

作用
屈曲膝关节，并在膝关节屈曲之后使其轻微内旋。伸展髋关节。

神经
源于坐骨神经 L4、L5、S1、S2 胫骨分区的 2 条分支。

基本运动功能
在跑步时，腘绳肌在腿部向前摆动的末期对其进行减速，并防止躯干在髋关节处屈曲。

主要使用此肌肉的运动
短跑、跨栏、足球（特别是向后踢）、跳跃和举重（仅腘绳肌上部）等。

可能伤害此肌肉的动作或损伤
没有进行充分热身就突然拉伸此肌肉（如向前踢、劈叉）。

肌肉长期紧张（缩短）时的常见问题
下背部疼痛。膝盖疼痛。双腿长度不等。行走或跑步步幅受限。

半膜肌（Semimembranosus）

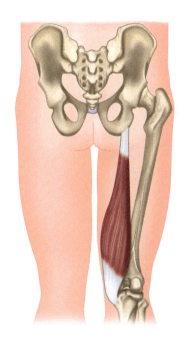

后视图

拉丁语：semi，一半的；membranosus，膜的。

半膜肌构成腘绳肌的内侧部分。它的大部分肌腹位于半腱肌和股二头肌长头的深层。

起点

坐骨结节。

止点

胫骨内侧髁后内侧表面。

作用

屈曲膝关节，并在膝关节屈曲之后使其轻微内旋。伸展髋关节。

神经

源于坐骨神经 L4、L5、S1、S2 胫骨分区的 2 条分支。

基本运动功能

在跑步时，腘绳肌在腿部向前摆动的末期对其进行减速，并防止躯干在髋关节处屈曲。

主要使用此肌肉的运动

短跑、跨栏、足球（特别是向后踢）、跳跃和举重（仅腘绳肌上部）等。

可能伤害此肌肉的动作或损伤

没有进行充分热身就突然拉伸此肌肉（如向前踢、劈叉）。

肌肉长期紧张（缩短）时的常见问题

下背部疼痛。膝盖疼痛。双腿长度不等。行走或跑步步幅受限。

股二头肌（Biceps Femoris）

后视图

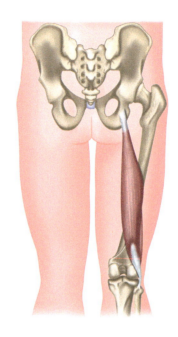

拉丁语：biceps，二头的；femoris，大腿的。

腘绳肌的外侧部分。

起点

长头：坐骨结节；骶结节韧带。

短头：粗线；髁上线上三分之二；外侧肌间隔。

止点

腓骨头外侧，胫骨外侧髁。

作用

两个头均屈曲膝关节（以及使屈曲的膝关节外旋）。长头还伸展髋关节。

神经

长头：坐骨神经 L5、S1、S2、S3 的胫骨分区。

短头：坐骨神经 L5、S1、S2 的腓骨分区。

基本运动功能

在跑步时，腘绳肌在腿部向前摆动的末期对其进行减速，并防止躯干在髋关节处屈曲。

主要使用此肌肉的运动

短跑、跨栏、足球（特别是向后踢）、跳跃和举重（仅腘绳肌上部）等。

可能伤害此肌肉的动作或损伤

没有进行充分热身就突然拉伸此肌肉（如向前踢、劈叉）。

肌肉长期紧张（缩短）时的常见问题

下背部疼痛。膝盖疼痛。双腿长度不等。行走或跑步步幅受限。

大收肌（Adductor Magnus）

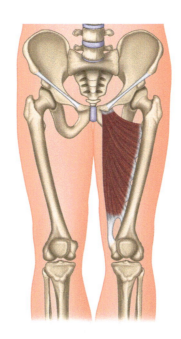

后视图

拉丁语：adducere，通向；magnus，大的。

大收肌是内收肌最大的一块肌肉，其上部纤维常与股方肌融合。坐骨部的垂直纤维在形态学上属于腘绳肌，由胫骨神经支配。

起点

耻骨下支，坐骨支（前部纤维），坐骨结节（后部纤维）。

止点

股骨全长，沿粗线和内侧髁上线至股骨内上髁的收肌结节。

作用

上部纤维内收和外旋髋关节。源自坐骨的垂直肌纤维辅助髋关节轻微伸展。

神经

闭孔神经 L2、L3、L4 后支。

坐骨神经 L4、L5、S1 胫神经分支。

基本运动功能

例如，使第二条腿迈进或迈出汽车。

主要使用此肌肉的运动

骑马、柔道、摔跤、跨栏、足球（侧踢）、游泳（蛙泳）及场地运动通用技巧（即交叉步、侧移步）等。

可能伤害此肌肉的动作或损伤

未充分热身就进行侧劈叉或高侧踢腿。

肌肉长期紧张（缩短）时的常见问题

腹股沟拉伤（男性的内收肌常比女性具有更强的张力）。

短收肌（Adductor Brevis）

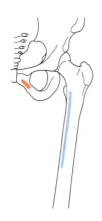

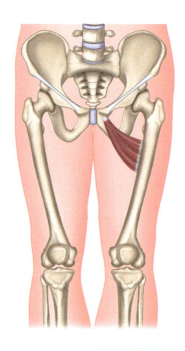

前视图

拉丁语：adducere，通向；brevis，短的。

短收肌位于大收肌前部。

起点

耻骨下支外表面。

止点

耻骨肌线下三分之二和粗线上半部分。

作用

内收髋关节。屈曲已在髋关节处伸展的股骨。伸展已在髋关节处屈曲的股骨。辅助髋关节外旋。

神经

闭孔神经（L2～L4）前支。有时后支也支配此肌肉。

基本运动功能

例如，使第二条腿迈进或迈出车。

主要使用此肌肉的运动

骑马、柔道、摔跤、跨栏、足球（侧踢）、游泳（蛙泳）及场地运动通用技巧（即交叉步、侧移步）等。

可能伤害此肌肉的动作或损伤

未充分热身就进行侧劈叉或高侧踢腿。

肌肉长期紧张（缩短）时的常见问题

腹股沟拉伤（男性的内收肌常比女性具有更强的张力）。

长收肌（Adductor Longus）

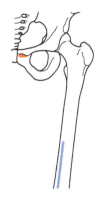

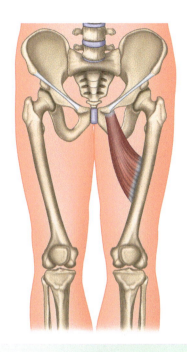

前视图

拉丁语：adducere，通向；longus，长的。

长收肌在 3 块内收肌中位于最前部。其上部纤维的外缘形成股三角的内缘（缝匠肌形成外缘，腹股沟韧带形成上缘）。

起点
位于耻骨嵴和耻骨联合连接处的耻骨前表面。

止点
粗线内侧唇中间三分之一。

作用
内收髋关节。屈曲已在髋关节处伸展的股骨。伸展已在髋关节处屈曲的股骨。辅助髋关节外旋。

神经
闭孔神经 L2、L3、L4 前支。

基本运动功能
例如，使第二条腿迈进或迈出车。

主要使用此肌肉的运动
骑马、柔道、摔跤、跨栏、足球（侧踢）、游泳（蛙泳）及场地运动通用技巧（即交叉步、侧移步）等。

可能伤害此肌肉的动作或损伤
未充分热身就进行侧劈叉或高侧踢腿。

肌肉长期紧张（缩短）时的常见问题
腹股沟拉伤（男性的内收肌常比女性具有更强的张力）。

股薄肌（Gracilis）

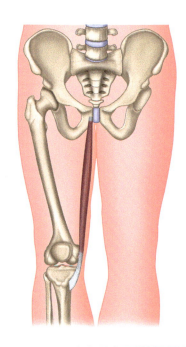

前视图

拉丁语：gracilis，纤细的，精致的。

股薄肌位于大腿内侧，半膜肌前部。

起点

耻骨联合下半部和耻骨下支。

止点

胫骨干内表面上部。

作用

内收髋关节。屈曲膝关节。内旋屈曲的膝关节。

神经

闭孔神经 L2、L3、L4 的前支。

基本运动功能

例如，跪坐姿势。

主要使用此肌肉的运动

骑马、跨栏和足球等。

可能伤害此肌肉的动作或损伤

未充分热身就进行侧劈叉或高侧踢腿。

肌肉长期紧张（缩短）时的常见问题

腹股沟拉伤（男性的内收肌常比女性具有更强的张力）。

耻骨肌（Pectineus）

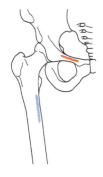

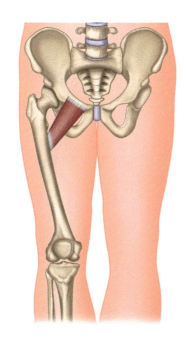

前视图

拉丁语：pecten，梳子；pectinatus，梳子状的。

耻骨肌夹在腰大肌和长收肌两者之间。

起点

耻骨嵴，位于髂耻隆起和耻骨结节之间。

止点

耻骨肌线，自股骨小转子至股骨粗线。

作用

内收髋关节。屈曲髋关节。

神经

股神经 L2、L3、L4。

偶尔接受来自闭孔神经 L3 额外的分支。

基本运动功能

例如，沿直线行走。

主要使用此肌肉的运动

骑马、橄榄球、短跑（最大化步长）、涉及踢动作的运动（如足球，最大化踢力）等。

可能伤害此肌肉的动作或损伤

未充分热身就进行侧劈叉或高侧踢腿。

肌肉长期紧张（缩短）时的常见问题

腹股沟拉伤（男性的内收肌常比女性具有更强的张力）。

缝匠肌（Sartorius）

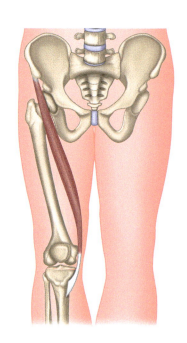

前视图

拉丁语：sartor，裁缝。

缝匠肌位于大腿前部最浅表，也是人体内最长的肌肉。其上部的三分之一内缘形成股三角外缘（长收肌形成内缘，腹股沟韧带形成上缘）。缝匠肌的作用是使下肢呈裁缝的盘腿坐姿（其名称源自拉丁语）。

起点

髂前上棘和紧靠其下的区域。

止点

胫骨内表面上部，靠近前缘。

作用

屈曲髋关节（在行走或跑步中帮助向前带动腿部）。外旋和内收髋关节。屈曲膝关节。辅助胫骨绕股骨在屈曲后内旋。

神经

源于股神经 L2、L3、L（4）的 2 条分支。

基本运动功能

例如，盘腿而坐。

主要使用此肌肉的运动

芭蕾舞、滑冰和足球等。

可能伤害此肌肉的动作或损伤

在瑜伽练习中，强迫自己进入盘腿或观音坐莲姿势（膝盖常首先受伤）。

肌肉长期紧张（缩短）时的常见问题

膝盖内侧疼痛或受伤。

股直肌（Rectus Femoris）

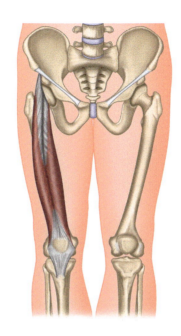

前视图

拉丁语：rectus，直的；femoris，大腿的。

股直肌是股四头肌的一部分。股直肌是纺锤形羽状肌，有2个起点：四足动物的反折头位于此肌肉的牵引线上，而人体中出现直头似乎是直立姿势造成的。

起点

直头（前头）：髂前下棘。

反射头（后头）：髋臼上沟（在髂骨上）。

止点

髌骨，经髌骨韧带至胫骨粗隆。

作用

伸展膝关节和屈曲髋关节（特别是两个动作联合进行，像踢球那样）。

辅助髂腰肌使躯干在大腿上部屈曲。在行走过程中，当脚跟触地时，防止膝关节屈曲。

神经

股神经L2、L3、L4。

基本运动功能

例如，上楼梯、骑脚踏车。

主要使用此肌肉的运动

越野跑（抬脚离地时，稳定膝盖）、滑雪、所有的跳跃运动、涉及踢动作的运动（足球、空手道等）、举重等。

肌肉长期紧张（缩短）时的常见问题

下背部疼痛。膝盖疼痛或不稳定，特别是此肌肉紧张或无力时。

股外侧肌（Vastus Lateralis）

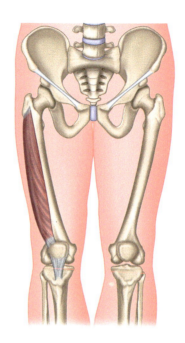

前视图

拉丁语：vastus，广大的；lateralis，与侧面有关的。

股外侧肌是股四头肌的一部分。在人体由坐姿起身时，以及行走和攀爬过程中，股四头肌使膝盖伸直。股肌群（股外侧肌、股内侧肌和股中间肌）作为一个整体来控制坐下的动作。

起点

股骨粗隆间线近端。大转子前缘和下缘。臀肌粗隆。股骨粗线外唇上半部。

止点

髌骨外侧缘，经髌骨韧带至胫骨粗隆。

作用

伸展膝关节。在行走过程中，当脚跟触地时防止膝关节屈曲。

神经

股神经 L2、L3、L4。

基本运动功能

例如，上楼梯、骑脚踏车。

主要使用此肌肉的运动

越野跑（抬脚离地时，稳定膝盖）、滑雪、所有的跳跃运动、涉及踢动作的运动（足球、空手道等）、举重等。

肌肉长期紧张（缩短）时的常见问题

下背部疼痛。膝盖疼痛或不稳定，特别是此肌肉紧张或无力时。

股内侧肌（Vastus Medialis）

前视图

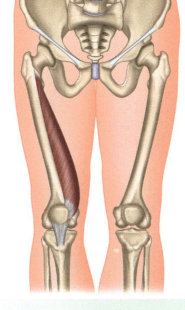

拉丁语：vastus，广大的；medialis，与中间有关的。

股内侧肌是股四头肌的一部分，比股外侧肌大且重。

起点
股骨粗隆间线远端的一半。粗线内唇。内侧髁上线。内侧肌间隔。

止点
髌骨内侧缘，经髌骨韧带至胫骨粗隆。

作用
伸展膝关节。在行走过程中，当脚跟触地时防止膝关节屈曲。

神经
股神经 L2、L3、L4。

基本运动功能
例如，上楼梯、骑脚踏车。

主要使用此肌肉的运动
越野跑（抬脚离地时，稳定膝盖）、滑雪、所有的跳跃运动、涉及踢动作的运动（足球、空手道等）、举重等。

肌肉长期紧张（缩短）时的常见问题
下背部疼痛。膝盖疼痛或不稳定，特别是此肌肉紧张或无力时。

股中间肌（Vastus Intermedius）

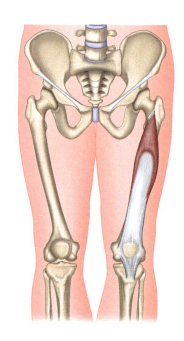

前视图

拉丁语：vastus，广大的；inter-medius，中间的。

股中间肌位于股四头肌最深层。在其前表面有一层膜状的肌腱，允许其与覆于其上的股直肌之间产生滑动。

起点

股骨干上三分之二的前表面和外表面。粗线下半部。外侧肌间隔。外侧髁上线上部。

止点

股四头肌深层表面，经髌韧带至胫骨粗隆。

作用

伸展膝关节。在行走过程中，当脚跟触地时防止膝关节屈曲。

神经

股神经 L2、L3、L4。

基本运动功能

例如，上楼梯、骑脚踏车。

主要使用此肌肉的运动

越野跑（抬脚离地时，稳定膝盖）、滑雪、所有的跳跃运动、涉及踢动作的运动（足球、空手道等）、举重等。

肌肉长期紧张（缩短）时的常见问题

下背部疼痛。膝盖疼痛或不稳定，特别是此肌肉紧张或无力时。

小腿和足部肌群

　　胫骨肌群起自胫骨顶部，紧靠膝关节下部，下延至胫骨前部和踝关节上部，主要位于小腿前侧。胫骨肌群的主要作用是使踝关节背屈、跖屈或内翻。

　　胫骨前肌起自胫骨外侧髁，止于内侧楔骨的内侧和足底面。胫骨前肌主要负责使足背屈和内翻，常用于在跑步时抬起脚趾。过度使用或使用方式不正确，可能导致肌肉和肌腱发炎，胫前部发生疼痛。

　　蹈长伸肌和趾长伸肌是脚趾的主要伸肌。它们的肌腱穿过脚踝前部和脚背部，附着在脚趾上。这些肌肉的作用与屈肌相反，可以使足部背屈。当肌肉过度劳累或腓肠肌紧张时，可能导致肌腱发炎。

　　第三腓骨肌、腓骨长肌（腓长肌）、腓骨短肌（腓短肌）位于小腿外侧。尽管这些肌肉均是旋前肌，但后两者也有使踝关节跖屈和外翻的作用，并可防止足内翻和抵抗踝扭伤。腓骨长肌肌腱帮助足部维持横弓和外侧纵弓。

　　小腿三头肌位于腿后侧（臀侧）和股骨下部。它们的起点紧靠膝关节，止点位于脚跟处的跟骨上。腓肌群的主要作用是使踝关节跖屈和使膝关节屈曲。

　　腓肠肌位于浅表层，有 2 个头，横跨 2 个关节：膝关节和踝关节。腓肠肌是被称为"小腿三头肌"的复合肌的一部分。腓肠肌与厚的比目鱼肌相比是一块非常薄的肌肉。在使踝关节跖屈的同时，腓肠肌也协助膝关节屈曲，是步行和跑步的主要驱动力。拿爆发性的短跑来说，该运动可能导致跟腱在其与腓肠肌肌腹的连接处断裂，因此需要使肌肉保持良好的拉伸。

　　跖肌是一块小肌肉，是小腿三头肌的一部分（许多人没有这块肌肉）。它是一块较弱的踝跖屈肌，但其在辅助和调节跟腱张力方面具有重要的作用。跖肌的肌腱细长（人体最长的肌腱），等同于手臂的掌长肌肌腱。

　　比目鱼肌是小腿三头肌的一部分，如此命名是因为其看起来像一条鱼。尽管比目鱼肌位于腓肠肌深部，但其内侧和外侧纤维却在腿侧面凸出，比腓肠肌延伸得更远。除了帮助踝关节跖屈，比目鱼还帮助膝关节屈曲。长期穿高跟鞋往往会导致此肌肉缩短，从而影响整体姿势。

　　腘肌是一块薄而扁平的三角形肌肉，位于膝关节背侧面的腘窝底。它依靠股骨外侧髁牢固的附着腱与股骨相连。有趣的是，此肌肉也与其下方的关节囊相连，特别是外侧半月板，并经由腘弓状韧带和比目鱼肌线上胫骨内三分之二与腓骨头相连。

趾长屈肌、姆长屈肌和**胫骨后肌**位于小腿后侧深层。胫骨后肌是最深层的肌肉，辅助保持足弓。当趾长屈肌使第二至第五趾屈曲及使踝关节跖屈和内翻时，姆长屈肌辅助足部保持内侧纵弓。

足部和踝部有大量控制足部的小肌肉。此区域周围的肌群和关节的结构允许双足和踝部进行大幅度活动，包括屈曲、伸展、内收、外展和旋转。

足底有四层肌肉。第 1 层为最下层（即最浅表、最靠近站立的地面），由**姆展肌、趾短屈肌和小趾展肌**构成。小趾展肌形成足底外侧缘。第 2 层包括**蚓状**肌和**跖方肌**、姆长屈肌和趾长屈肌的肌腱。第 3 层包括**姆短屈肌、姆收肌和小趾短屈肌**。第 4 层为最深（最上）层，包括 4 块**骨间背侧肌**、3 块**骨间足底肌**及胫骨后肌和腓骨长肌的肌腱。**趾短伸肌**位于足背。

值得注意的是连接脚跟和脚趾的坚韧纤维组织——**足底筋膜**，又被称为足底腱膜。重复的踝关节动作（特别是受限于小腿肌肉紧张时）会刺激脚跟止点处的组织。特定的动态拉伸有助于缓解此问题。

小腿肌群

小腿肌群包括 3 组肌肉：1）伸肌（踝关节背屈肌），位于前侧；2）腓骨外侧肌，位于外侧；3）屈肌（踝关节跖屈肌），位于后侧。

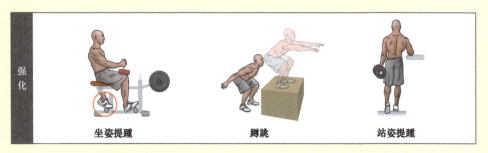

强化

坐姿提踵　　　　　蹲跳　　　　　站姿提踵

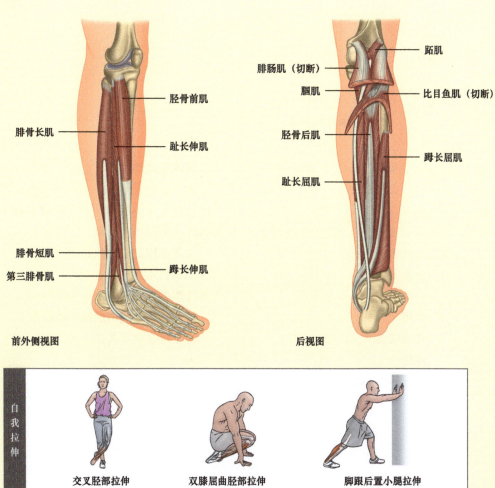

胫骨前肌

腓骨长肌

趾长伸肌

腓骨短肌

第三腓骨肌

蹈长伸肌

前外侧视图

跖肌

腓肠肌（切断）

腘肌

比目鱼肌（切断）

胫骨后肌

蹈长屈肌

趾长屈肌

后视图

自我拉伸

交叉胫部拉伸　　　　双膝屈曲胫部拉伸　　　　脚跟后置小腿拉伸

胫骨前肌（Tibialis Anterior）

前侧视图，右腿

拉丁语：tibialis，与胫骨有关的；anterior，在前面的。

起点
胫骨外侧髁。胫骨外表面上半部。骨间膜。

止点
内侧楔骨。第一跖骨底。

作用
背屈踝关节。内翻踝关节。

神经
腓深神经 L4、**L5**、S1。

基本运动功能
例如，行走和跑步（有助于防止脚跟触地后足部撞击地面，在腿部向前摆动时使脚抬离地面）。

主要使用此肌肉的运动
上山行走、登山、跑步、蛙泳和骑自行车（脚踏上升期）等。

可能伤害此肌肉的动作或损伤
过多地在硬质表面上跳。

趾长伸肌（Extensor Digitorum Longus）

前侧视图，右腿

拉丁语：extendere，伸展；digitorum，趾／指的；longus，长的。

该肌肉与手部相应的肌腱相同，在足近端趾骨背形成伸肌腱帽。这些伸肌腱帽由蚓状肌和趾短伸肌的肌腱而非骨间肌相连。

起点

胫骨外侧髁。腓骨前表面上三分之二。骨间膜上部。

止点

沿4个外侧脚趾的背侧面。每个肌腱相互分离，附着于中节和远节趾骨底。

作用

伸展脚趾的跖趾关节。辅助伸展趾节间关节。辅助踝关节背屈和外翻。

神经

腓深神经L4、L5、S1。

基本运动功能

例如，上楼梯（使脚趾远离台阶）。

主要使用此肌肉的运动

上山行走、登山、跑步、蛙泳和骑自行车（脚踏上升期）等。

可能伤害此肌肉的动作或损伤

肌腱易受压（例如，脚趾被踩）而挫伤。

蹈长伸肌（Extensor Hallucis Longus）

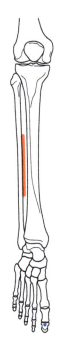

前侧视图，右腿

拉丁语：extendere，伸展；hallucis，蹈趾；longus，长的。

蹈长伸肌位于胫骨前肌和趾长伸肌之间的深部。

起点
腓骨前表面中部和邻近的骨间膜。

止点
蹈趾的远节趾骨底。

作用
伸展蹈趾的所有关节。背屈踝关节。辅助内翻踝关节。

神经
腓深神经 L4、L5、S1。

基本运动功能
例如，上楼梯（使脚趾远离台阶）。

主要使用此肌肉的运动
上山行走、登山、跑步、蛙泳和骑自行车（脚踏上升期）等。

可能伤害此肌肉的动作或损伤
肌腱易受压（如脚趾被踩）而挫伤。

第三腓骨肌 [Fibularis (Peroneus) Tertius]

前侧视图，右腿

拉丁语：fibula，大头针 / 扣子；tertius，第三的。希腊语：perone，大头针 / 扣子。

这块肌肉是趾长伸肌部分孤立的下侧部分。

起点
骨间膜和腓骨前表面下三分之一。

止点
第五跖骨底。

作用
使踝关节背屈和外翻。

神经
腓深神经 L4、L5、S1。

基本运动功能
例如，行走和跑步。

主要使用此肌肉的运动
跑步、足球和跳跃等。

可能伤害此肌肉的动作或损伤
被迫内翻踝关节（过度拉伸踝关节外侧面）可能给踝关节的稳定性带来慢性损害。

腓骨长肌 [Fibularis (Peroneus) Longus]

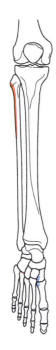

前侧视图，右腿

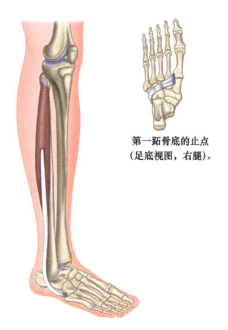

第一跖骨底的止点
（足底视图，右腿）。

拉丁语：fibula，大头针 / 扣子；longus，长的。希腊语：perone，大头针 / 扣子。

腓骨长肌止点肌腱的路径帮助足部维持横弓和外侧纵弓。

起点
腓骨外侧面上三分之二。

止点
内侧楔骨。第一跖骨底。

作用
外翻踝关节。辅助跖屈踝关节。

神经
腓浅神经 L4、L5、S1。

基本运动功能
例如，在不平的表面行走。

主要使用此肌肉的运动
跑步、足球和跳跃等。

可能伤害此肌肉的动作或损伤
被迫地内翻踝关节（过度拉伸踝关节外侧面）可能给踝关节的稳定性带来慢性损害。

腓骨短肌 [Fibularis (Peroneus) Brevis]

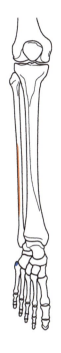

前侧视图，右腿

拉丁语: fibula，大头针 / 扣子；brevis，短的；希腊语: perone，大头针 / 扣子。

腓骨短肌的一条肌肉常连接小趾长伸肌的肌腱。

起点
腓骨外侧面下三分之二。

止点
第五跖骨底外侧。

作用
外翻踝关节。辅助跖屈踝关节。

神经
腓浅神经 L4、L5、S1。

基本运动功能
例如，在不平的表面行走。

主要使用此肌肉的运动
跑步、足球和跳跃等。

可能伤害此肌肉的动作或损伤
被迫地翻转踝部（过度拉伸踝部外侧面）可能给踝关节的稳定性带来慢性损害。

腓肠肌（Gastrocnemius）

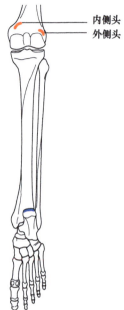

内侧头
外侧头

后视图，右腿

希腊语：gaster，胃；kneme，小腿。

腓肠肌是小腿三头肌的一部分，后者是复合肌，还包括比目鱼肌和跖肌。小腿三头肌形成小腿部突出的轮廓。膝后的腘窝由下侧的腓肠肌和跖肌腹部、外侧的股二头肌肌腱和内侧的半膜肌和半腱肌的肌腱构成。

起点

内头：内侧髁上方的股骨腘面。

外头：股骨外侧髁和后表面。

止点

跟骨后表面（经由腓肠肌和比目鱼肌肌腱融合而成的跟腱）。

作用

跖屈踝关节。辅助膝关节屈曲。提供行走和跑步时的主要推进力。

神经

胫神经 S1、S2。

基本运动功能

例如，足尖站立。

主要使用此肌肉的运动

需要跑步和跳跃的多数运动（特别是短跑、跳高、跳远、排球和篮球）、芭蕾舞、游泳出发的蹬壁和蹦床运动等。

可能伤害此肌肉的动作或损伤

爆发性跳跃或跳下时，落地姿势不正确可能导致跟腱在其与肌腹连接处断裂。

肌肉长期紧张（缩短）时的常见问题

长期穿高跟鞋往往会导致此肌肉缩短，影响整体姿态。

跖肌（Plantaris）

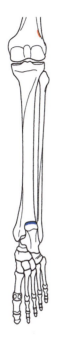

后视图，右腿

拉丁语：plantaris，与足底有关的。

跖肌是小腿三头肌的一部分，其长肌腱等同于手臂的掌长肌肌腱。

起点

股骨外侧髁下部和其腘面邻近部分。膝关节腘斜韧带。

止点

跟骨后表面（或有时止于跟腱内表面）。

作用

跖屈踝关节。轻微屈曲膝关节。

神经

胫神经 L4、L5、S1、S（2）。

基本运动功能

例如，足尖站立。

比目鱼肌（Soleus）

后视图，右腿

拉丁语：solea，皮鞋底、拖鞋、鞋底（鱼）。

比目鱼肌因其形状而得名，是小腿三头肌的一部分。比目鱼肌和腓肠肌跟腱是人体内最厚也是最有力的肌腱。

起点

腓骨头后表面和腓骨体上三分之一。比目鱼肌线和胫骨内缘中三分之一。胫骨和腓骨之间的腱弓。

止点

与腓肠肌肌腱合成跟腱并止于跟骨后表面。

作用

跖屈踝关节。比目鱼肌在站立时常处于收缩状态，以防止身体在踝关节处向前跌倒（即抵消穿过身体重心的牵引力）。故其有助于维持直立姿势。

神经

胫神经 L5、S1、S2。

基本运动功能

例如，足尖站立。

主要使用此肌肉的运动

需要跑步和跳跃的多数运动（特别是短跑、跳高、跳远、排球和篮球）、芭蕾舞、游泳出发的蹬壁和蹦床运动等。

可能伤害此肌肉的动作或损伤

爆发性跳跃或跳下时，落地姿势不正确可能导致跟腱在其与肌腹连接处断裂。

肌肉长期紧张（缩短）时的常见问题

小腿或跟腱紧张和疼痛（比目鱼肌的问题比腓肠肌更常见）。长期穿高跟鞋往往会导致此肌肉缩短，影响整体姿态。

腘肌（Popliteus）

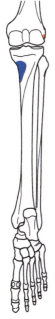

后视图，右腿

拉丁语：poples，后踝。

腘肌起点处的肌腱位于膝关节囊内。

起点

股骨外侧髁外表面。膝关节腘斜韧带。

止点

胫骨后表面上部，比目鱼肌线之上。

作用

在足部固定于地面时，绕胫骨外旋股骨。在腿部不承重时，绕股骨内旋胫骨。辅助膝关节屈曲（腘肌"解锁"已伸展的膝关节，以开始屈曲腿部）。辅助强化膝关节后侧韧带。

神经

胫神经 L4、L5、S1。

基本运动功能

例如，行走。

主要使用此肌肉的运动

需要跑步和行走的所有运动。

可能伤害此肌肉的动作或损伤

未充分热身就高踢腿。

肌肉长期紧张（缩短）时的常见问题

膝关节无法完全伸展，可能导致膝关节疼痛或损伤。

趾长屈肌（Flexor Digitorum Longus）

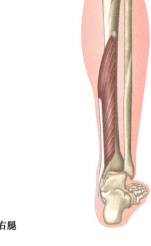

后视图，右腿

拉丁语：flectere，弯曲；digito-rum，趾/指的；longus，长的。

该肌肉的肌腱止点深入外侧四个脚趾之中，与手部的指深屈肌止点对应。

起点

胫骨后表面内侧部，比目鱼肌线之下。

止点

第二至第五脚趾远端趾骨底。

作用

屈曲外侧4趾的所有关节（在行走时，使足部牢牢地抓住地面）。帮

助跖屈和翻转踝关节。

神经

胫神经 L5、S1、S（2）。

基本运动功能

例如，行走（特别是赤足行走于不平的地面），足尖站立。

主要使用此肌肉的运动

芭蕾舞、体操（平衡木）和空手道（侧踢）等。

肌肉长期紧张（缩短）时的常见问题

外侧4趾呈锤状趾畸形。

跛长屈肌（Flexor Hallucis Longus）

后视图，右腿

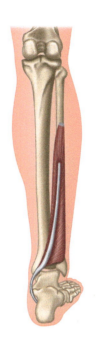

拉丁语：flectere，弯曲；hallucis，跛趾的；longus，长的。

这块肌肉有助于保持足内侧纵弓。

起点

腓骨后表面下三分之二。骨间膜。邻近的肌间隔。

止点

跛趾远端趾骨底。

作用

屈曲跛趾的所有关节，对行走时最终的推进力起重要作用。帮助跖屈和翻转踝关节。

神经

胫神经 L5、S1、S2。

基本运动功能

例如，行走时推离表面（特别是赤足行走于不平的地面），足尖站立。

主要使用此肌肉的运动

跑步、上山行走、芭蕾舞和体操等。

肌肉长期紧张（缩短）时的常见问题

跛趾呈锤状趾畸形。

胫骨后肌（Tibialis Posterior）

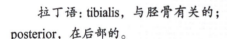

后视图，右腿

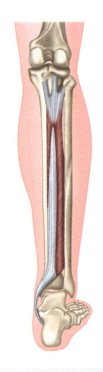

拉丁语：tibialis，与胫骨有关的；posterior，在后部的。

胫骨后肌是位于腿后最深层的肌肉，有助于保持足弓。

起点

胫骨后表面外侧部。腓骨后表面上三分之二。大部分骨间膜。

止点

舟骨结节。跟骨载距突的纤维膨胀部，3个楔状骨，骰骨和第二、第三和第四跖骨底。

作用

使踝关节翻转。辅助跖屈踝关节。

神经

胫神经 L（4）、L5、S1。

基本运动功能

例如，足尖站立，踩下汽车踏板。

主要使用此肌肉的运动

短跑、跳远和三级跳等。

可能伤害此肌肉的动作或损伤

下肢排列不正常，特别在行走或站立时，双足外翻，可导致足内侧纵弓塌陷。

足部肌群

　　足底有四层肌肉：第一层为最下层（即最浅表层，最接近所站立的地面），第四层为最上层（最深层）。

强化

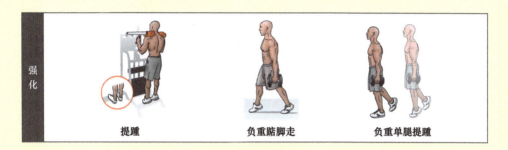

提踵　　　　　　　　负重踮脚走　　　　　　　负重单腿提踵

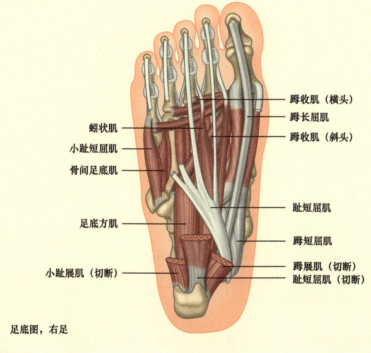

　　　　　　　　　　　　　　　　　　　　　蹞收肌（横头）
　　　　　　　　　　　　　　　　　　　　　蹞长屈肌
蚓状肌　　　　　　　　　　　　　　　　　　蹞收肌（斜头）
小趾短屈肌
骨间足底肌

足底方肌　　　　　　　　　　　　　　　　　趾短屈肌

　　　　　　　　　　　　　　　　　　　　　蹞短屈肌

小趾展肌（切断）　　　　　　　　　　　　　蹞展肌（切断）
　　　　　　　　　　　　　　　　　　　　　趾短屈肌（切断）

足底图，右足

自我拉伸

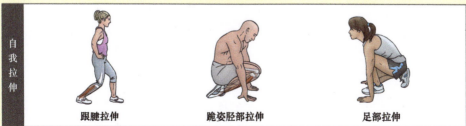

跟腱拉伸　　　　　　　跪姿胫部拉伸　　　　　　足部拉伸

踇展肌（Abductor Hallucis）

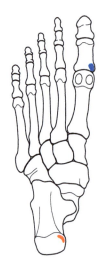

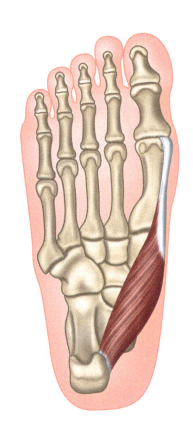

足底视图，右足

拉丁语：abducere，远离自；hallu-cis，踇趾。

踇展肌形成足底内侧缘。

起点

跟骨结节。屈肌支持带。足底腱膜。

止点

踇趾近端趾骨底内侧。

作用

外展踇趾和帮助屈曲踇趾的跖趾关节。

神经

足底内侧神经 L4、L5、S1。

基本功能运动

有助于维持足部在行走和跑步时的稳定性和力量。

趾短屈肌（Flexor Digitorum Brevis）

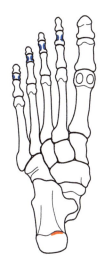

足底视图，右足

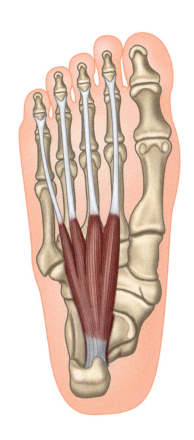

拉丁语：flectere，弯曲；digitorum，趾／指的；brevis，短的。

趾短屈肌等同于手臂的指浅屈肌。

起点

跟骨结节。足底腱膜。邻近的肌间隔。

止点

第二至第五脚趾的中节趾骨。

作用

屈曲外侧 4 趾除远端趾间关节外的所有关节。

神经

足底内侧神经 L4、L5、S1。

基本功能运动

有助于维持足部在行走和跑步时的稳定性和力量。

小趾展肌（Abductor Digiti Minimi）

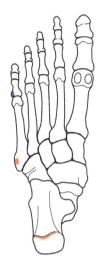

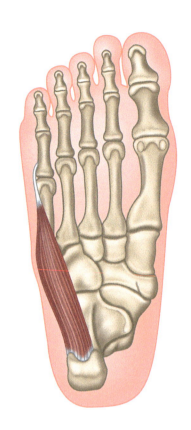

足底视图，右足

拉丁语：abducere，远离自；digi-torum，趾/指的；minimi，最小的。

小趾展肌形成足底外侧缘。

起点

跟骨结节。足底腱膜。邻近的肌间隔

止点

第五脚趾近端趾骨底外侧。

作用

外展第五脚趾。

神经

足底外侧神经 S2、S3。

足底方肌（Quadratus Plantae）

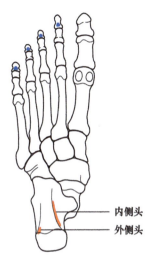

内侧头
外侧头

足底视图，右足

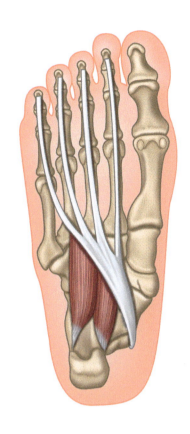

拉丁语：quadratus，正方的；plantae，足底的。

起点

内侧头：跟骨内表面。

外侧头：跟骨外表面下缘。

止点

趾长屈肌肌腱外缘。

作用

屈曲第二至第五脚趾远端趾骨。

修正趾长屈肌肌腱的牵引斜线，使其对准足长轴。

神经

足底外侧神经 S1、S2。

基本功能运动

例如，在脚趾和趾骨球之间夹一支铅笔。

蚓状肌（Lumbricales）

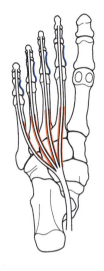

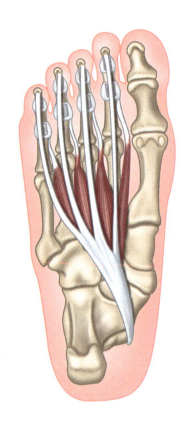

足底视图，右足

拉丁语：lumbricus，蚯蚓。

起点

趾长屈肌肌腱。

止点

第二至第五脚趾近端趾骨底内侧和相应的伸肌扩张部。

作用

屈曲跖趾关节，伸展外侧4趾的趾间关节。

神经

外侧3条蚓状肌：足底外侧神经L（4）、L（5）、S1、S2。

第一蚓状肌：足底内侧神经L4、L5、S1。

基本运动功能

例如，仅用脚趾将物体聚集在足下。

跗短屈肌（Flexor Hallucis Brevis）

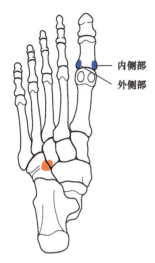

内侧部
外侧部

足底视图，右足

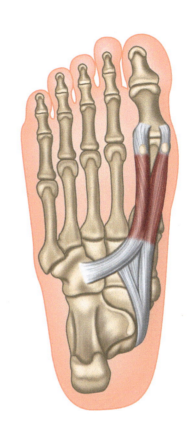

拉丁语：flectere，弯曲；hallucis，跗趾的；brevis，短的。

跗短屈肌的肌腱包括籽骨。在行走时，跗趾以这些骨为轴转动。

起点

骰骨足底面内侧部。外侧楔骨邻近部分。胫骨后肌肌腱。

止点

内侧部：跗趾近端趾骨底内侧。

外侧部：跗趾近端趾骨底外侧。

作用

屈曲跗趾的跖趾关节。

神经

足底内侧神经 L4、L5、S1。

基本运动功能

例如，用跗趾帮助将物体聚集在足下。

踇收肌（Adductor Hallucis）

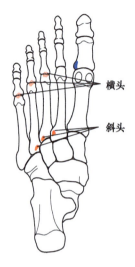

横头

斜头

足底视图，右足

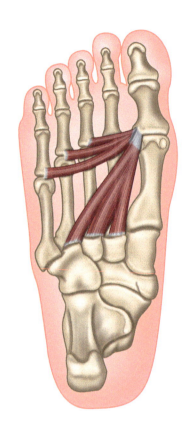

拉丁语：adducere，通向；hallucis，踇趾的。

踇收肌类似于手部的拇收肌，有2个头。

起点

斜头：第二、第三和第四跖骨底；腓骨长肌肌腱鞘。

横头：第三、第四和第五脚趾的足底跖趾关节韧带；跖骨横韧带。

止点

踇趾近端趾骨底外侧。

作用

内收踇趾和辅助屈曲踇趾的跖趾关节。

神经

足底外侧神经 S1、S2。

基本运动功能

例如，使踇趾和相邻脚趾之间出现空隙。

小趾短屈肌（Flexor Digiti Minimi Brevis）

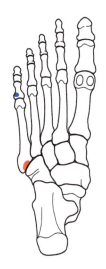

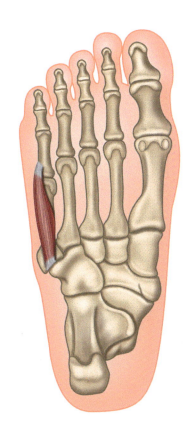

足底视图，右足

拉丁语：flectere，弯曲；digiti，趾／指的；minimi，最小的；brevis，短的。

起点

腓骨长肌肌腱鞘。第五跖骨底。

止点

小趾近端趾骨底外侧。

作用

在跖趾关节处屈曲小趾。

神经

足底外侧神经 S2、S3。

基本运动功能

例如，与其他脚趾一起将物体聚集在足下。

骨间背侧肌（Dorsal Interossei）

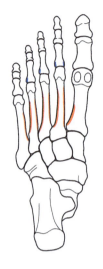

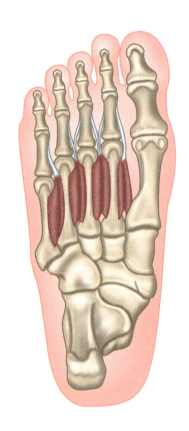

足底图，右足

拉丁语：dorsalis，与后背有关的；interosseus，骨间的。

类似于手部，骨间背侧肌比骨间足底肌大。

起点

跖骨相邻侧。

止点

近端趾骨底。

第1：第二脚趾近端趾骨内侧。

第2～4：第二至第四脚趾近端趾骨外侧。

作用

外展（分开）脚趾。屈曲跖趾关节。

神经

足底外侧神经 S1、S2。

基本运动功能

例如，利于行走。

主要使用此肌肉的运动

跑步，特别是赤足时。

骨间足底肌（Plantar Interossei）

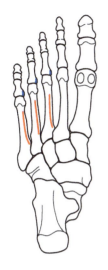

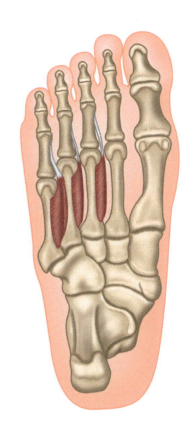

足底视图，右足

拉丁语：plantaris，与足底有关的；
interosseus，骨间的。

起点

第三、第四和第五跖骨底和内侧。

止点

同一趾的近端趾骨底内侧。

作用

内收（使靠近）脚趾。屈曲跖趾

关节。

神经

足底外侧神经 S1、S2。

基本运动功能

例如，利于行走。

主要使用这些肌肉的运动

跑步，特别在赤足时。

趾短伸肌（Extensor Digitorum Brevis）

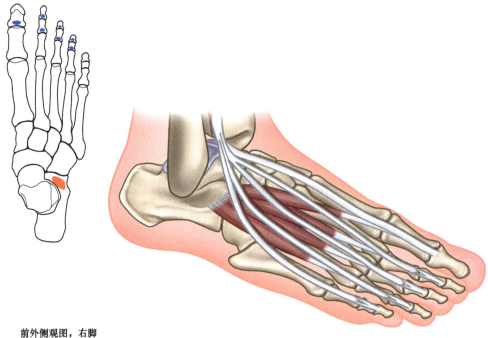

前外侧观图，右脚

拉丁语：extendere，伸展；digito-rum，趾／指的；brevis，短的。

这是源自足背部的唯一肌肉。趾短伸肌至踇趾的部分称为踇短伸肌。

起点

跟骨上表面和外表面前部。外侧距跟韧带。伸肌下支持带。

止点

踇趾近端趾骨底。第二、第三和第四脚趾的趾长伸肌肌腱外侧。

作用

伸展内侧 4 趾的关节。

神经

腓深神经 L4、L5、S1。

基本运动功能

例如，利于行走。

附录 1　肌肉的神经支配路径

脑神经

传统观点认为人体有 12 对脑神经（脑神经 I ～ XII），尽管严格来说存在第 13 对脑神经（脑神经 0，终神经）。脑神经直接源自脑或脑干，而脊神经直接源自脊柱。

脑神经 0 为终神经，也称为脑神经 XIII。该神经可能与嗅神经有功能联系。**脑神经 I** 为嗅神经，负责传导与嗅觉有关的感觉信息。**脑神经 II** 为视神经，负责从视网膜向大脑传导视觉信息。

脑神经 III 为动眼神经，控制眼睛的大部分运动（与脑神经 IV 和 VI 一起），并支配上睑提肌。**脑神经 IV** 为滑车神经，是一个只支配眼上斜肌的运动神经（不在本书讨论范围）。

脑神经 V 为三叉神经，是最大的脑神经，有 3 条大的分支：眼支（V_1）、上颌支（V_2）和下颌支（V_3）。三叉神经负责面部感觉及咬、咀嚼等功能。**眼支和上颌支**为感觉神经，而**下颌支**同时具有感觉和运动神经功能，支配咬肌、颞肌、翼状肌、下颌舌骨肌、二腹肌（前腹）。

脑神经 VI 为外展神经，仅控制眼外侧直肌的运动（不在本书讨论范围）。

脑神经 VII 为面神经，源自脑桥，经内耳道进入颞骨，然后再通过茎乳孔，分入**耳后支**。5 条主要分支——颞支、颧支、颊支、（边缘）下颌支和颈支——**支配的面部肌肉如下**。**颞支**：额肌、颞顶肌、耳前肌和耳上肌、眼轮匝肌（也受颧支支配）、眉间降肌和皱眉肌。**颧支**：眼轮匝肌（也受颞支支配）和颧大肌（也受颊支支配）。**颊支**：降鼻中隔肌、口轮匝肌（也受下颌支支配）、提上唇肌、提口角肌、鼻肌、颧大肌（也受颧支支配）、颧小肌、降口角肌（也受下颌支支配）、笑肌和颊肌。**下颌支**：口轮匝肌（也受颊支支配）、降下唇肌、降口角肌（也受颊支支配）、颏肌和茎突舌骨肌。**颈支**：颈阔肌。此外，耳后支再分成支配耳后肌的耳支和支配枕肌的枕支。二腹肌支源自茎乳孔附近，支配二腹肌。某些教科书确定了面神经的一个分支，称其为中间神经；有些研究表明，其是独立的自主结构。中间神经参与味觉感知、唾液分泌和泪液分泌。假如将来认为此神经是自主结构，则可将其当作第 14 对脑神经（XIV）。

脑神经 VIII 为前庭蜗神经（又称为听觉前庭神经），将声音和平衡信息自内耳传到大脑。

脑神经 IX 为舌咽神经，源自延髓，经颈静脉孔出颅骨。它的主要功能是感觉。

脑神经 **X** 为迷走神经，支配除肾上腺外的所有器官的运动副交感神经纤维。

脑神经 **XI** 为副神经，该神经比较独特，由颅骨部分和脊髓部分组成，先组合，再分离，然后发散，颅骨部分连接迷走神经（X），脊髓部分下行，支配胸锁乳突肌和斜方肌。

脑神经 **XII** 为舌下神经，支配舌部肌群，但颏舌骨肌却由颈神经 C1 纤维支配，由舌下神经XII传导。

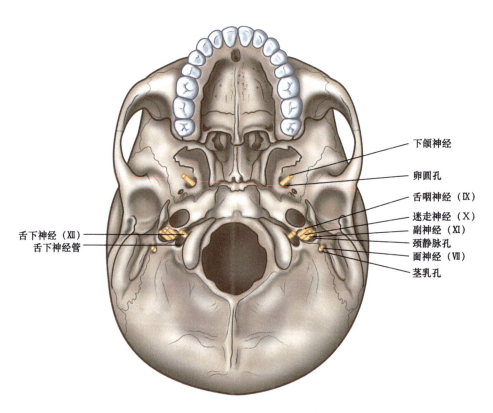

右侧标注：
下颌神经
卵圆孔
舌咽神经（IX）
迷走神经（X）
副神经（XI）
颈静脉孔
面神经（VII）
茎乳孔

左侧标注：
舌下神经（XII）
舌下神经管

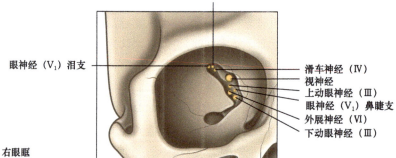

眼神经（V₁）额支

眼神经（V₁）泪支

滑车神经（IV）
视神经
上动眼神经（III）
眼神经（V₁）鼻睫支
外展神经（VI）
下动眼神经（III）

右眼眶
脑神经和颅骨路径（外视图）

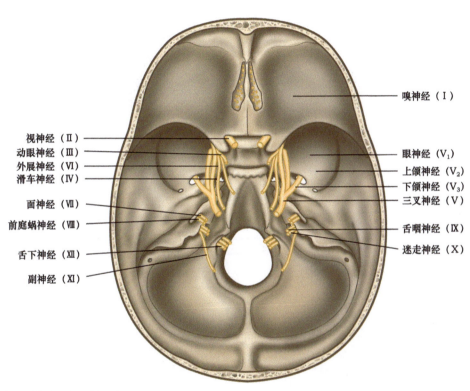

嗅神经（Ⅰ）

视神经（Ⅱ）
动眼神经（Ⅲ）
外展神经（Ⅵ）
滑车神经（Ⅳ）

眼神经（V₁）
上颌神经（V₂）
下颌神经（V₃）
三叉神经（V）

面神经（Ⅶ）
前庭蜗神经（Ⅷ）
舌下神经（Ⅻ）
副神经（Ⅺ）

舌咽神经（Ⅸ）
迷走神经（Ⅹ）

脑神经和颅骨路径（内视图）

脑神经 V ——三叉神经

感觉神经分布

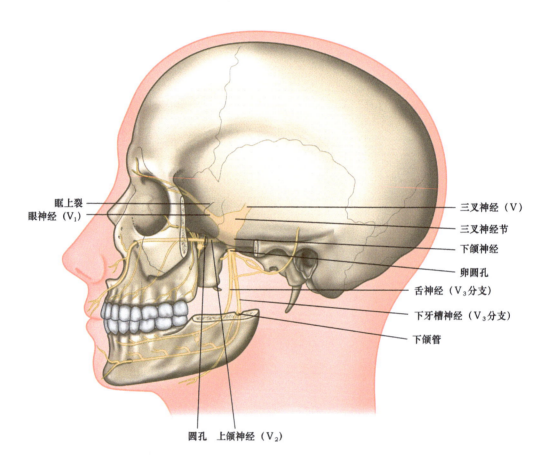

眶上裂
眼神经（V₁）

三叉神经（V）
三叉神经节
下颌神经
卵圆孔
舌神经（V₃分支）
下牙槽神经（V₃分支）
下颌管

圆孔　上颌神经（V₂）

运动神经分布

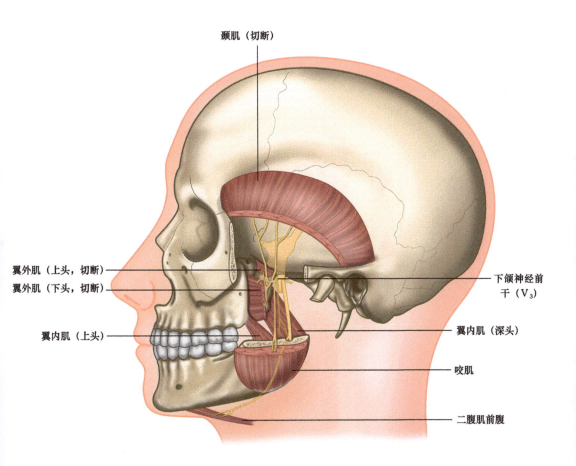

颞肌（切断）

翼外肌（上头，切断）

翼外肌（下头，切断）

翼内肌（上头）

下颌神经前干（V₃）

翼内肌（深头）

咬肌

二腹肌前腹

脑神经Ⅶ——面神经

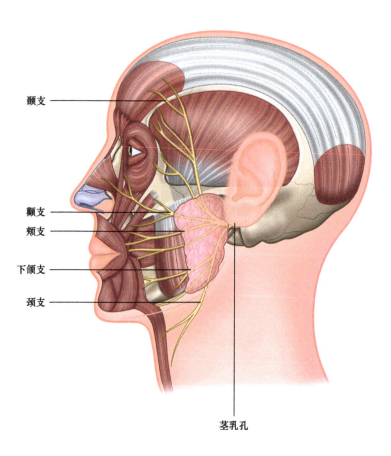

颞支

颧支

颊支

下颌支

颈支

茎乳孔

脑神经 XI——副神经

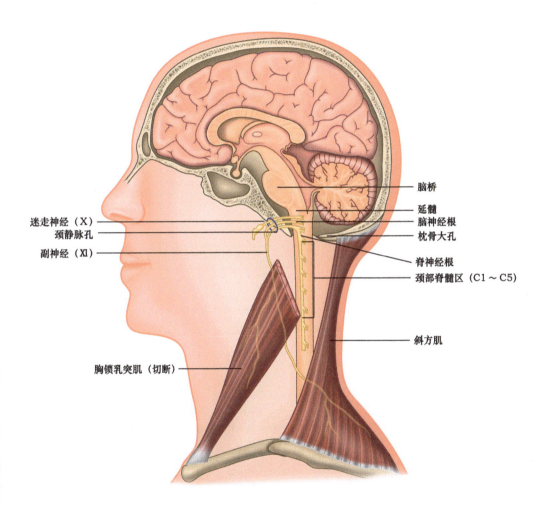

脑桥

延髓
脑神经根
枕骨大孔

迷走神经（X）
颈静脉孔

副神经（XI）

脊神经根
颈部脊髓区（C1～C5）

斜方肌

胸锁乳突肌（切断）

颈丛

颈丛为由 4 条颈上神经（C1～C4）腹支构成的神经网络。颈丛位于颈部，胸锁乳突肌深部，有两种类型的分支：皮支和肌支。**肌支**包括：支配胸骨舌骨肌、胸骨甲状肌和肩胛舌骨肌的颈袢；支配膈肌的膈神经；支配前斜角肌和中斜角肌的节段性神经。此外，颈长肌、头长肌、头外侧直肌，头前直肌、头后大直肌、头后小直肌也由颈丛供应。**臂内皮神经**支配手臂内侧的皮肤。

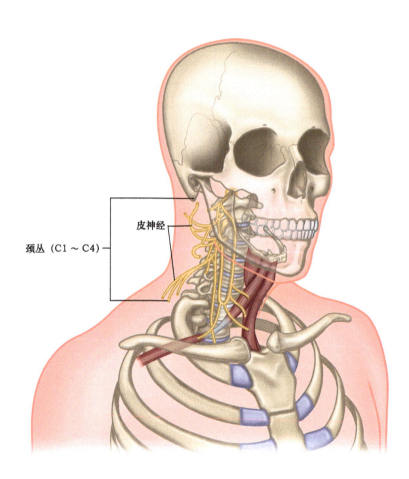

皮神经

颈丛（C1～C4）

臂丛和腋神经

臂丛为由 4 条颈下神经（C5 ～ C8）前支和第一胸神经（T1）构成的神经网络。臂丛分为根部（C5 ～ C8 前支和 T1）、主干（上、中、下）、分支（3 条主干的每条分为 2 支，共 6 条分支）、束（6 条分支重组为 3 束——侧束、后束和内束）和终支（神经）。臂丛支配后斜角肌、菱形肌、背阔肌、冈上肌、冈下肌、肩胛下肌、大圆肌和肩胛提肌。5 条主要神经——腋神经、正中神经、肌皮神经、尺神经和桡神经，均源自臂丛。

腋神经

腋神经携带源自 C5 和 C6 的神经纤维，支配三角肌和小圆肌。

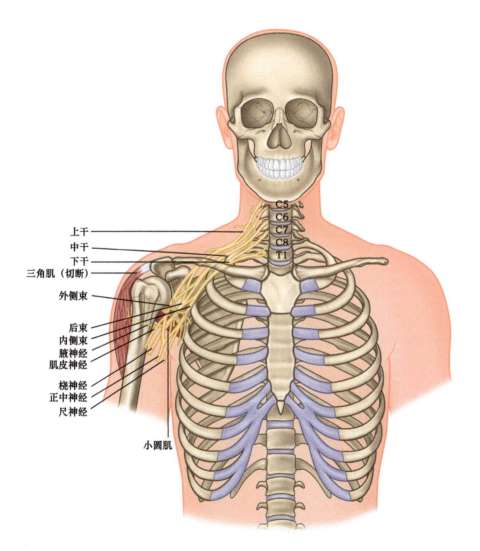

肌皮神经

　　肌皮神经纤维源自 C5 ～ C7。它支配喙肱肌、肱二头肌和肱肌。肌皮神经与患者的前臂轻微屈曲和旋后密切关联。

肱骨外科颈骨折或错位可损伤此神经。单肩或双肩背重包均会刺激此神经。

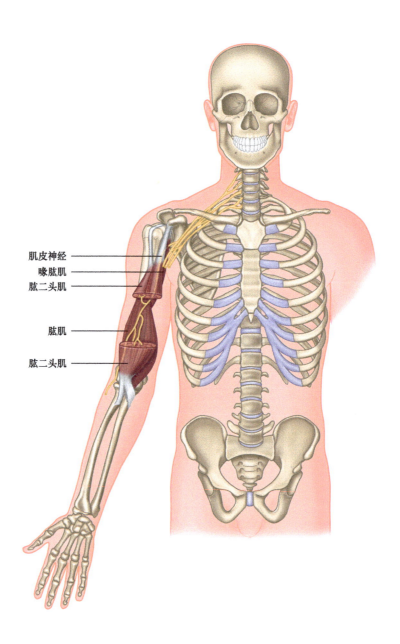

肌皮神经

喙肱肌

肱二头肌

肱肌

肱二头肌

正中神经

正中神经是供应腕管的唯一神经。它支配前臂除尺侧腕屈肌和指深屈肌的内侧半部（二者均由尺神经供应）以外的所有屈肌。在前臂，正中神经支配旋前圆肌、桡侧腕屈肌、掌长肌、指浅屈肌、指深屈肌（外侧半部）、拇长屈肌和旋前方肌。在手部，正中神经支配拇短屈肌（浅头）、拇对掌肌、拇短展肌、第一和第二蚓状肌。当患者拇指或前 3 指疼痛或出现感觉异常（如刺痛和麻木），或者产生屈肌肌腱炎时，常涉及正中神经。

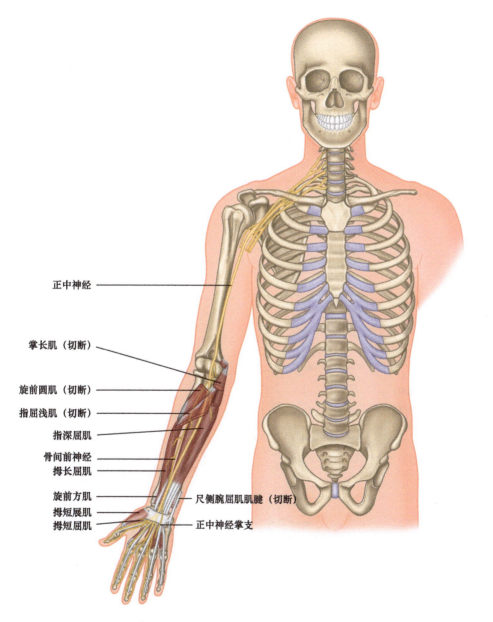

正中神经

掌长肌（切断）

旋前圆肌（切断）

指屈浅肌（切断）

指深屈肌

骨间前神经

拇长屈肌

旋前方肌

拇短展肌

拇短屈肌

尺侧腕屈肌肌腱（切断）

正中神经掌支

尺神经

　　尺神经源自臂丛 C8 和 T1 的神经根。它是人体中最长的不受（骨骼或肌肉）保护的神经，故易受伤。在前臂，它细分为肌支、掌支和背支；在手部，它细分为浅支和深支。该神经支配尺侧腕屈肌、指深屈肌、拇收肌、拇短屈肌（深头）、骨间掌侧肌、小指展肌、小指短屈肌、小指对掌肌、掌短肌、骨间背侧肌、第三和第四蚓状肌。当患者疼痛、感觉异常（包括后 2 指麻木或刺痛）或患肱骨内上髁炎（又称高尔夫球肘）时，常涉及尺神经。

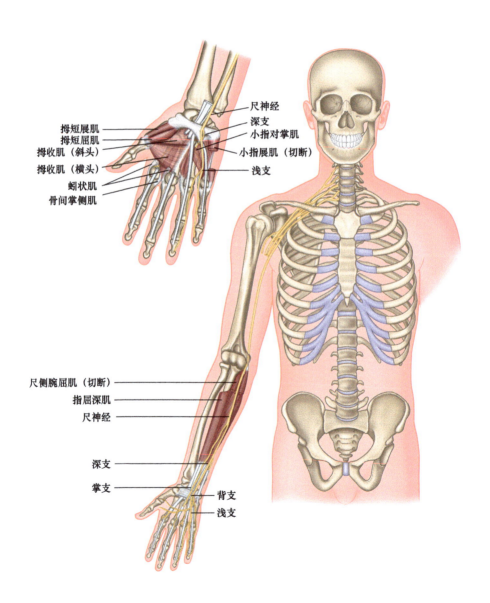

拇短展肌
拇短屈肌
拇收肌（斜头）
拇收肌（横头）
蚓状肌
骨间掌侧肌

尺神经
深支
小指对掌肌
小指展肌（切断）
浅支

尺侧腕屈肌（切断）
指屈深肌
尺神经

深支
掌支
背支
浅支

桡神经

　　桡神经源自 C5 ～ T1，细分为肌支和深支。**肌支**支配肱三头肌、肘肌、肱桡肌和桡侧腕长伸肌。**深支**支配桡侧腕短伸肌和旋后肌。**骨间后神经**（深支的延续）支配指伸肌、小指伸肌、尺侧腕伸肌、拇长展肌、拇短伸肌、拇长伸肌和示指伸肌。当患者疼痛、感觉异常（包括前 2 指和拇指近端后半部分麻木或刺痛）或患肱骨外上髁炎（又称**网球肘**）时，常涉及桡神经。

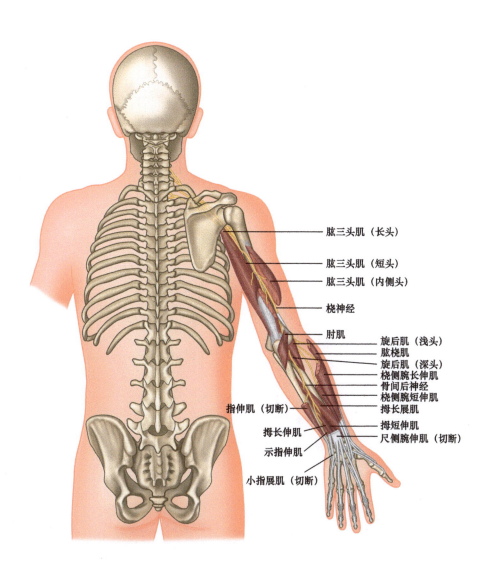

肱三头肌（长头）

肱三头肌（短头）

肱三头肌（内侧头）

桡神经

肘肌

旋后肌（浅头）
肱桡肌
旋后肌（深头）
桡侧腕长伸肌
骨间后神经
桡侧腕短伸肌
拇长展肌

指伸肌（切断）

拇短伸肌
尺侧腕伸肌（切断）

拇长伸肌

示指伸肌

小指展肌（切断）

腰丛

　　腰丛形成腰骶丛的一部分，由前 4 个腰神经（L1～L4）和肋下神经（T12）的分支形成。其分支为：**髂腹股沟神经**和**髂腹下神经**，支配腹内斜肌和腹横肌；**生殖股神经**，支配提睾肌；**臀下神经**，支配臀大肌；**臀上神经**，支配阔筋膜张肌、臀中肌和臀小肌，还通过腰骶丛供给梨状肌（梨状肌神经 L5，S1）、闭孔内肌（闭孔肌神经 L5、S1、S2）、上孖肌和下孖肌（闭孔肌神经 L5、S1、S2）及股方肌（股方肌神经 L4～L5）。参见下文的闭孔神经、股神经、坐骨神经、胫神经和腓总神经。

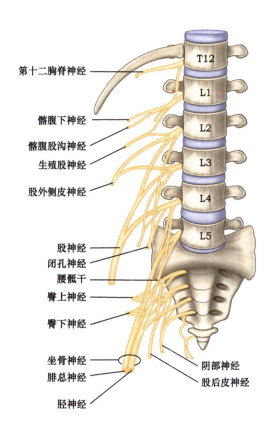

第十二胸脊神经

髂腹下神经

髂腹股沟神经

生殖股神经

股外侧皮神经

股神经

闭孔神经

腰骶干

臀上神经

臀下神经

坐骨神经

腓总神经

胫神经

T12

L1

L2

L3

L4

L5

阴部神经

股后皮神经

闭孔神经

　　闭孔神经源自腰丛的第二、第三和第四腰神经腹支，支配闭孔外肌、短收肌、大收肌、长收肌、股薄肌和耻骨肌（有时）。闭孔神经尽管名称如此，却不支配闭孔内肌。

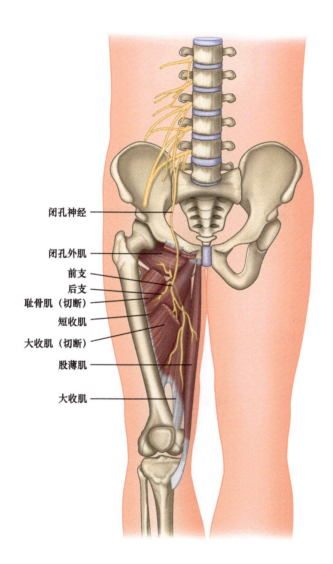

闭孔神经

闭孔外肌

前支

后支

耻骨肌（切断）

短收肌

大收肌（切断）

股薄肌

大收肌

前视图

股神经

　　股神经是腰骶丛的最大分支，位于大腿内。它源自第二、第三和第四腰神经（L2～L4）腹支的背支。在股骨区域，该神经细分成前支和后支，然后再进一步分成较小的分支，分布于大腿前侧和内侧。**前支**支配髂肌、缝匠肌和耻骨肌，**后支**支配股直肌、股外侧肌、股内侧肌和股中间肌。

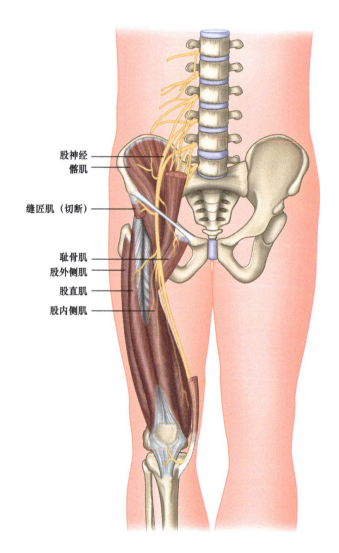

股神经
髂肌

缝匠肌（切断）

耻骨肌
股外侧肌
股直肌
股内侧肌

前视图

坐骨神经

坐骨神经是人体最长、最粗的神经。它源自下背部的脊神经（L4 ～ S3），延伸至梨状肌深部，下行至下肢。坐骨神经支配股二头肌、半膜肌和半腱肌。真正的坐骨神经损伤包括感觉麻木、无力，甚至感觉有水沿腿向下流。依据源头和刺激大小的不同，疼痛可分为轻微至严重的不同等级。坐骨神经刺激常见于脊柱 L5 或 S1，且仅在一侧出现。尽管疼痛可延伸至足部，妨碍正常运动，但经正确治疗后，上述疼痛可消失，变得更加集中。未解决的慢性疼痛，特别是不明原因的疼痛，应引起医生或医疗团队的注意。

在骨盆和窝的中间位置，坐骨神经分为胫神经和腓总神经。

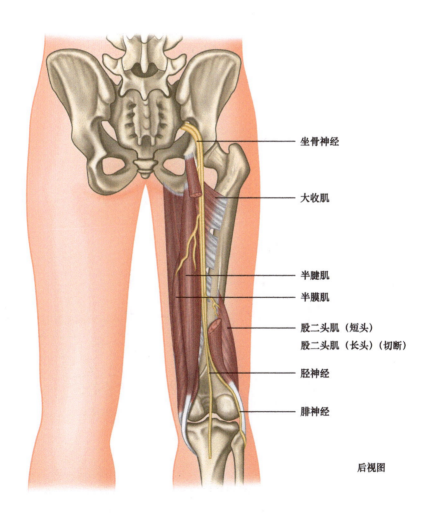

坐骨神经

大收肌

半腱肌

半膜肌

股二头肌（短头）

股二头肌（长头）（切断）

胫神经

腓神经

后视图

胫神经

胫神经是坐骨神经的分支，支配小腿后群肌肉，包括腓肠肌、跖肌、比目鱼肌、趾长屈肌、胫骨后肌、腘肌和蹞长屈肌。其中的一条分支——**足底内侧神经**，支配蹞展肌、趾短屈肌、蹞短屈肌和蚓状肌。另一条分支——**足底外侧神经**，支配小趾展肌、足底方肌、蹞收肌、小趾短屈肌、骨间足底肌、骨间背侧肌和 3 条外侧蚓状肌。

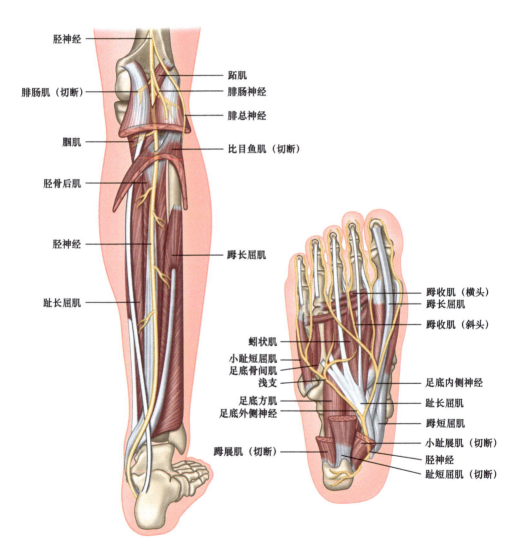

后视图　　　　　　　　　　　　　足底视图

腓总神经

　　腓总神经经坐骨神经，源自第四和第五腰神经（L4 ～ L5）背支及第一和第二骶神经（S1 ～ S2）。它分为腓浅神经和腓深神经。**腓浅神经**支配腓骨长肌和腓骨短肌。**腓深神经**支配胫骨前肌、趾长伸肌、第三腓骨肌、姆长伸肌、姆短伸肌和趾短伸肌。

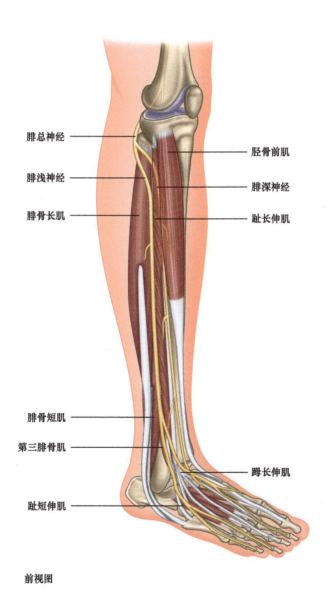

腓总神经

腓浅神经

腓骨长肌

胫骨前肌

腓深神经

趾长伸肌

腓骨短肌

第三腓骨肌

姆长伸肌

趾短伸肌

前视图

附录2 参与身体不同运动的主要肌肉

下颌骨

· 上提

  颞肌（前部纤维）、咬肌、翼内肌

· 下抑

  翼外肌、二腹肌、下颌舌骨肌、颏舌骨肌

· 前伸

  翼外肌、翼内肌、咬肌（浅表纤维）

· 后缩

  颞肌（水平纤维）、二腹肌

· 咀嚼

  翼外肌、翼内肌、咬肌、颞肌

喉

· 上提

  二腹肌、茎突舌骨肌、下颌舌骨肌、颏舌骨肌、甲状舌骨肌

· 下抑

  胸骨舌骨肌、胸骨甲状肌、肩胛舌骨肌

· 前伸

  颏舌骨肌

· 后缩

  茎突舌骨肌

寰枕关节与寰枢关节

· 屈曲

  头长肌、头前直肌、胸锁乳突肌（前部纤维）

· 伸展

  头半棘肌、头夹肌、头后大直肌、头后小直肌、头上斜肌、头最长肌、斜方肌、胸锁乳突肌（后部纤维）

- 旋转和侧屈

　　胸锁乳突肌、头下斜肌、头上斜肌、头外侧直肌、头最长肌、头夹肌

椎间关节

颈部

- 屈曲

　　颈长肌、头长肌、胸锁乳突肌

- 伸展

　　颈最长肌、头最长肌、头夹肌、颈夹肌、颈半棘肌、头半棘肌、斜方肌、棘间肌、颈髂肋肌

- 旋转和侧屈

　　颈最长肌、头最长肌、头夹肌、颈夹肌、多裂肌、颈长肌、前斜角肌、中斜角肌、后斜角肌、胸锁乳突肌、肩胛提肌、颈髂肋肌、横突间肌

胸和 / 或腰部

- 屈曲

　　腹前壁肌群

- 伸展

　　竖脊肌、腰方肌、斜方肌

- 旋转和侧屈

　　腰髂肋肌、胸髂肋肌、多裂肌、回旋肌、横突间肌、腰方肌、腰大肌、腹前壁肌群

上肢带骨

- 上提

　　斜方肌（上部纤维）、肩胛提肌、小菱形肌、大菱形肌、胸锁乳突肌

- 下抑

　　斜方肌（下部纤维）、胸小肌、胸大肌（胸肋部）、背阔肌

- 前伸

　　前锯肌、胸小肌、胸大肌

- 后缩

　　斜方肌（中部纤维）、小菱形肌、大菱形肌、背阔肌

- 肩胛下角外侧方移位

　　前锯肌、斜方肌（上部和下部纤维）

- 肩胛下角内侧方移位

　　胸小肌、小菱形肌、大菱形肌、背阔肌

肩关节

- 屈曲

三角肌（前束）、胸大肌（锁骨部；胸肋部屈曲已伸展的肱骨直至静息位置）、肱二头肌、喙肱肌

- 伸展

三角肌（后束）、大圆肌（屈曲的肱骨）、背阔肌（屈曲的肱骨）、胸大肌（屈曲的肱骨胸肋部）、肱三头肌（长头至静息位置）

- 外展

三角肌（中束）、冈上肌、肱二头肌（长头）

- 内收

胸大肌、大圆肌、背阔肌、肱三头肌（长头）、喙肱肌

- 外旋

三角肌（后束）、冈下肌、小圆肌

- 内旋

胸大肌、大圆肌、背阔肌、三角肌（前束）、肩胛下肌

- 水平屈曲

三角肌（前束）、胸大肌、肩胛下肌

- 水平伸展

三角肌（后束）、冈下肌

肘关节

- 屈曲

肱肌、肱二头肌、肱桡肌、桡侧腕长伸肌、旋前圆肌、桡侧腕屈肌

- 伸展

肱三头肌、肘肌

桡尺关节

- 旋后

旋后肌、肱二头肌、拇长伸肌

- 旋前

旋前方肌、旋前圆肌、桡侧腕屈肌

桡腕关节和腕骨间关节

- 屈曲

桡侧腕屈肌、尺侧腕屈肌、掌长肌、指浅屈肌、指深屈肌、拇长屈肌、拇长展肌、拇短伸肌

· 伸展

　　桡侧腕短伸肌、桡侧腕长伸肌、尺侧腕伸肌、指伸肌、示指伸肌、拇长伸肌、小指伸肌

· 外展

　　桡侧腕短伸肌、桡侧腕长伸肌、桡侧腕屈肌、拇长展肌、拇长伸肌、拇短伸肌

· 内收

　　尺侧腕屈肌、尺侧腕伸肌

手指的掌指关节

· 屈曲

　　指深屈肌、指浅屈肌、蚓状肌、骨间肌、小指屈肌、小指展肌、掌长肌（经掌腱膜）

· 伸展

　　指伸肌、示指伸肌、小指伸肌

· 外展和内收

　　骨间肌、小指展肌、蚓状肌（可辅助桡侧屈）、指伸肌（过度伸展而内收；食指肌腱桡侧屈）、指深屈肌（屈曲而内收）、指浅屈肌（屈曲而内收）

· 旋转

　　蚓状肌、骨间肌（除食指外，运动轻微；仅在指骨固定时有效）、小指对掌肌（在腕掌关节处旋转小指）

手指的指间关节

· 屈曲

　　指深屈肌（两个关节）、指浅屈肌（仅近端关节）

· 伸展

　　指伸肌、小指伸肌、示指伸肌、蚓状肌、骨间肌

拇指腕掌关节

· 屈曲

　　拇短屈肌、拇长屈肌、拇对掌肌

· 伸展

　　拇短伸肌、拇长伸肌、拇长展肌

· 外展

　　拇短展肌、拇长展肌

· 内收

　　拇收肌、骨间背侧肌（仅第一块）、拇长伸肌（在完全伸展 / 外展状态下）、拇长屈肌（在完全伸展 / 外展状态下）

- 相对

　　拇对掌肌、拇短展肌、拇短屈肌、拇长屈肌、拇收肌

拇指掌指关节

- 屈曲

　　拇短屈肌、拇长屈肌、骨间掌侧肌（仅第一块）、拇短展肌

- 伸展

　　拇短伸肌、拇长伸肌

- 外展

　　拇短展肌

- 内收

　　拇收肌、骨间掌侧肌（仅第一块）

拇指指间关节

- 屈曲

　　拇长屈肌

- 伸展

　　拇短展肌、拇长伸肌、拇收肌、拇短伸肌（有时是止点）

髋关节

- 屈曲

　　髂腰肌、股直肌、阔筋膜张肌、缝匠肌、短收肌、长收肌、耻骨肌

- 伸展

　　臀大肌、半腱肌、半膜肌、股二头肌（长头）、大收肌（坐骨纤维）

- 外展

　　臀中肌、臀小肌、阔筋膜张肌、闭孔内肌（在屈曲状态下）、梨状肌（在屈曲状态下）

- 内收

　　大收肌、短收肌、长收肌、耻骨肌、股薄肌、臀大肌（下部纤维）、股方肌

- 外旋

　　臀大肌、闭孔内肌、孖肌、闭孔外肌、股方肌、梨状肌、缝匠肌、大收肌、短收肌、长收肌

- 内旋

　　髂腰肌（在屈曲初始阶段）、阔筋膜张肌、臀中肌（前部纤维）、臀小肌（前部纤维）

膝关节

· 屈曲

半腱肌、半膜肌、股二头肌、腓肠肌、跖肌、缝匠肌、股薄肌、腘肌

· 伸展

股方肌

· 胫骨绕股骨内旋

腘肌、半腱肌、半膜肌、缝匠肌、股薄肌

· 胫骨绕股骨外旋

股二头肌

踝关节

· 内翻

胫骨前肌、胫骨后肌

· 外翻

腓骨长肌、腓骨短肌、第三腓骨肌

· 背屈

胫骨前肌、踇长伸肌、趾长伸肌、第三腓骨肌

· 跖屈

腓肠肌、跖肌、比目鱼肌、胫骨后肌、踇长屈肌、趾长屈肌、腓骨长肌、腓骨短肌

跗骨间关节

· 内翻

胫骨前肌、胫骨后肌

· 外翻

第三腓骨肌、腓骨长肌、腓骨短肌

· 其他运动

滑动运动，允许作用于脚趾的肌群产生背屈、跖屈、外展和内收动作，胫骨前肌、胫骨后肌和第三腓骨肌也参与其中

脚趾跖趾关节

· 屈曲

踇短屈肌、踇长屈肌、趾长屈肌、趾短屈肌、小趾短屈肌、蚓状肌、骨间肌

· 伸展

踇长伸肌、趾短伸肌、趾长伸肌

- 外展和内收

　　踇展肌、踇收肌、骨间肌、小趾展肌

脚趾的指间关节

- 屈曲

　　踇长屈肌、趾短屈肌（仅近端关节）、趾长屈肌

- 伸展

　　踇长伸肌、趾短伸肌（不含踇趾）、趾长伸肌、蚓状肌

参考文献

Alter, M.J. 1998. *Sport Stretch: 311 Stretches for 41 Sports*, Champaign, IL: Human Kinetics.

Anderson, D.M. (chief lexicographer) 2003. *Dorland's Illustrated Medical Dictionary*, 30th edn, Philadelphia, PA: Saunders.

Bartelink, D.L. 1957. The role of abdominal pressure in relieving the pressure on the lumbar intervertebral discs. *Journal of Bone and Joint Surgery* 39-B, 718.

Biel, A. 2001. *Trail Guide to the Body*, 2nd edn, Boulder, CO: Books of Discovery.

Bumke, O. and Foerster, O. (eds) 1936. *Handbuch der Neurologie*, Vol. V, Berlin: Julius Springer.

Clemente, C.M. (ed.) 1985. *Gray's Anatomy of the Human Body*, 30th edn, Philadelphia, PA: Lea &Febiger.

DeJong, R.N. 1967. *The Neurological Examination*, 3rd edn, New York: Harper & Row.

Fuller, G.N. and Burger, P.C. 1990. Nervus terminals (cranial nerve zero) in the adult human. Clin. Neuropathol. 9 (6): 279-83.

Gracovetsky, S. 1988. *The Spinal Engine*. New York: Springer-Verlag Wein.

Haymaker, W. and Woodhall, B. 1953. *Peripheral Nerve Injuries*, 2nd edn, Philadelphia, PA: W.B. Saunders Co.

Hodges, P.W. and Richardson, C.A. 1997. Feedforward contraction of transversus abdominis is not influenced by direction of arm movement. Experimental Brain Research 114 (2), 362-370.

Huijing, P.A. and Baan, G.C. 2001. Extramuscular myofascial force transmission within the rat anterior tibial compartment: Proximo-distal differences in muscle force. *Acta PhysiologicaScandinavica* 173 (3), 297-311.

Huxley, H. and Hanson, J. 1954. *Changes in the cross-striations of muscle during contraction and stretch and their structural interpretation*. Nature 173 (4412), 973-976.

Kendall, F.P. and McCreary, E.K. 1983. *Muscles, Testing & Function*, 3rd edn, Baltimore, MD: Williams & Wilkins.

Lawrence, M. 2004. *Complete Guide to Core Stability*, London: A&C Black.

Levin, S.M. 2002. The tensegrity-truss as a model for spine mechanics. *Journal of Mechanics in Medicine and Biology* 2 (3&4), 375-388.

Masi, A.T. and Hannon, J.C. 2008. Human resting muscle tone (HRMT): Narrative introduction and modern concepts. *Journal of Bodywork and Movement Therapies* 12 (4), 320-332.

Myers, T.W. 2001. *Anatomy Trains*, Edinburgh: Elsevier.

Norris, C.M. 1997. *Abdominal Training*, London A&C Black.

Romanes, G.J. (ed.) 1972. *Cunningham's Textbook of Anatomy*, 11th edn, London: Oxford University Press.

Scarr, G. 2013. *Biotensegrity: The Structural Basis of Life*, Fountainhall, Scotland: Handspring Publishing.

Schade, J.P. 1966. *The Peripheral Nervous System*, New York: Elsevier.

Sharkey, J. 2014. A new anatomy for the 21st century. *sportEX dynamics* 39, 14-17.

Spalteholz, W. (date unknown). *Hand Atlas of Human Anatomy*, Vols Ⅱ and Ⅲ, 6th edn, London: J.B. Lippincott.

Tortora, G. 1989. *Principles of Human Anatomy*, 5th edn, New York: Harper & Row.